바빠 초등

영문법 써먹는 리딩 ②

Reading

with grammar

KB214078

이지스에듀

지은이 | 3E 영어 연구소, 김현숙

3E 영어 연구소는 Effective Educational Experiences의 약자로, 단순히 지식을 전달하는 것에 그치지 않고, 학습자가 지식을 흡수하는 과정까지 고려해 가장 효율적인 영어 학습 경험을 제공하기 위해 연구하는 이지스에듀 부설 연구소이다.

김현숙 선생님은 영어교육 석사 학위를 받고, 캐나다에서 TEFL 과정, 미국에서 TESOL 과정을 수료한 후, 10여 년 동안 NE능률과 동아출판사에서 영어 교재를 기획, 개발한 영어 학습 전문가이다. 《리스닝튜터》, 《1316 독해》, 《리딩엑스퍼트》, 《빠른 독해 바른 독해》 등의 초·중등 교재뿐 아니라, 고등 영어 교과서 개발에도 참여해, 최근 입시 영어 경향까지 잘 이해하고 있다.

현재 초등학생을 위한 파닉스, 독해, 문법 강의를 하고 있고, 그동안의 영어 교재 개발과 강의 경험을 집대성해 이지스에듀에서 《바빠 초등 영어 리딩》 시리즈를 집필하였다.

· 인스타그램 @luckyjunet

감수 | Michael A. Putlack

미국의 명문 대학인 Tufts University에서 역사학 석사 학위를 받은 뒤 우리나라의 동양미래대학에서 20년 넘게 한국 학생들을 가르쳤다. 폭넓은 교육 경험을 기반으로 여러 권의 어린이 영어 교재를 집필했을 뿐만 아니라 《영어동화 100편》 시리즈, 《7살 첫 영어 - 파닉스》, 《바빠 초등 필수 영단어》 등의 영어 교재 감수에 참여해 오고 있다.

초등 영문법과 리딩의 연결 고리를 단단하게!

바빠 초등 영문법 써먹는 리딩 ❷ – AR 3.0 / Words 70~90

초판 1쇄 인쇄 2025년 5월 2일
초판 1쇄 발행 2025년 5월 14일
지은이 3E 영어 연구소, 김현숙
발행인 이지연
펴낸곳 이지스퍼블리싱(주)   제조국명 대한민국
출판사 등록번호 제313-2010-123호
주소 서울시 마포구 잔다리로 109 이지스 빌딩 5층(우편번호 04003)
대표전화 02-325-1722   팩스 02-326-1723
이지스퍼블리싱 홈페이지 www.easyspub.com   이지스에듀 카페 www.easysedu.co.kr
바빠 아지트 블로그 blog.naver.com/easyspub   인스타그램 @easys_edu
페이스북 www.facebook.com/easyspub2014   이메일 service@easyspub.co.kr

기획 및 책임 편집 이지혜 | 정지연, 박지연, 김현주, 정지희 표지 및 내지 디자인 김세리 조판 김혜수
인쇄 미래피앤피 독자 지원 박애림, 김수경 영업 및 문의 이주동, 김요한(support@easyspub.co.kr)
마케팅 라혜주

ISBN 979-11-6303-688-3
ISBN 979-11-6303-686-9 (세트)
가격 14,000원

• 이지스에듀는 이지스퍼블리싱(주)의 교육 브랜드입니다.
  (이지스에듀는 학생들을 탈락시키지 않고 모두 목적지까지 데려가는 책을 만듭니다!)

> "
> # 펑펑 쏟아져야 눈이 쌓이듯,
> # 공부도 집중해야 실력이 쌓인다.
> "

학교 선생님부터 영어 전문 명강사까지
적극 추천한 '바빠 초등 영문법 써먹는 리딩'

리딩 실력의 든든한 동반자는 문법!

이 책은 초등 영문법과 리딩의 연결 고리를 제시하며, 영어 학습의 핵심을 꿰뚫고 있네요. 단순히 암기에 그치지 않고, **문법을 통해 문맥과 문장을 정확히 이해하도록 구성되어 있어 리딩 실력을 체계적으로 쌓아나갈 수 있는 든든한 동반자가 될 수 있겠어요.**

서지예 선생님
부산 공립중학교 영어 교사

문법의 쓸모를 알면 영어 실력이 탄탄!

이 책은 **문법과 리딩을 조화롭게 결합하여 문법의 쓰임을 알게 하네요.** 동시에 초등 교과서 연계 주제에서 뽑은 흥미로운 이야기들이 영어 독해 실력을 높이는 데 큰 도움이 되겠어요. 지문에 나오는 영어 문장을 직접 써 보면서 익히는 방법도 매우 좋네요.

한동오 원장님
바빠 스마트 클래스 대표 원장, 베스트셀러 저자

문법적 요소를 통해
리딩의 스킬을 높일 수 있는 책!

글을 읽기 전에 미리 문법을 간략히 학습함으로써 조금 더 쉽게 문장을 이해할 수 있고, 글을 읽은 후에 문제를 풀어보고 직접 문장을 써 보면서 **영어 리딩에 대한 이해도를 체계적으로 향상시킬 수 있겠어요.**

어션 선생님
기초 영어 강사, '어션영어 BasicEnglish' 유튜브 운영자

리딩 체감 난이도가 낮아지는 책!

독해 지문의 해석이 매끄럽지 않은 경우엔 문법 포인트를 빠뜨리지 않았는지 짚어봐야 하죠. 이 책은 **초등 기초 영문법 설명을 지문과 함께 제시함으로써 리딩에 대한 아이들의 체감 난이도를 낮춰줄 수 있겠어요.**

이은지 선생님
前 (주)탑클래스에듀아이 영어 강사

영문법을 적용하니
리딩이 술술 되는 놀라운 책!

문법을 알면 문장이 제대로 보여요!

리딩이 어려우면 단어 실력이 부족해서라고 생각하기 쉽습니다. 하지만 리딩은 단어만 안다고 해결되지 않습니다. 원어민이 아니기 때문에 이상한 번역기처럼 엉뚱하게 해석할 수 있거든요. 단순히 단어 뜻을 나열하는 리딩이 아닌 문법을 통해 문장과 문맥을 정확히 파악해야 제대로 읽을 수 있습니다.

이 책은 초등 수준의 영문법을 활용해 체계적인 리딩 학습을 할 수 있도록 만들어졌습니다. 유닛마다 리딩에 필요한 영문법을 세분화하였고, 문법 따로 독해 따로 공부하는 게 아닌 학습한 문법을 독해에 바로 적용합니다. 그래서 지문과 문제를 통해 스스로 제대로 이해했는지 누구나 어렵지 않게 확인할 수 있습니다.

리딩이 쉬워지는 꿀팁이 한가득

중·고등학교 시험과 수능까지도 바라본다면, 초등학생 때부터 리딩이 쉬워지는 꿀팁을 익혀놓으면 유리합니다. 요령 없이 무턱대고 풀었다가는, 시간 부족으로 시험을 제대로 마치기도 어려워지기 때문입니다. 이 책은 리딩이 쉬워지는 꿀팁이 한가득 있습니다. 꿀팁을 통해 중요한 부분(중심 문장)과 덜 중요한 부분(뒷받침 문장)을 구분해 읽는 법과 정확한 근거를 가지고 정답을 고르는 법을 익힐 수 있습니다.

지문을 읽을 때 동사를 집중해서 보면서 시제를 파악하는 것이 중요해요.
시제를 파악하면, 시간의 순서대로 사건을 파악할 수 있어요.

PART 마다 꿀팁이 있어요.

10가지 문제 유형 학습 제공

특히 고득점을 노리는 친구라면 유형 분석은 필수입니다. 이 책은 시험의 대표 유형인 '주제 찾기'부터 '순서 파악'까지 10가지 문제 유형을 제공해, 유형별로 어떤 풀이 방식이 적합하며 어떻게 접근해야 하는지를 정리했습니다.

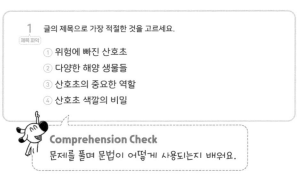

1 글의 제목으로 가장 적절한 것을 고르세요.
제목 파악

① 위험에 빠진 산호초
② 다양한 해양 생물들
③ 산호초의 중요한 역할
④ 산호초 색깔의 비밀

Comprehension Check
문제를 풀며 문법이 어떻게 사용되는지 배워요.

교과 공부도 저절로 되는 풍부한 비문학 지문들

사회, 과학, 문학, 언어, 예술 등 초등 교과서 연계 주제와 학교 공부에 필요한 배경지식이 담긴 지문들로 구성했습니다. 지문만 읽어도 저절로 교과 학습도 함께 이뤄질 수 있습니다.

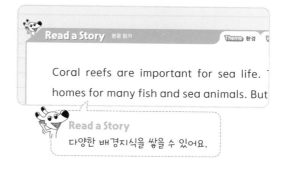

쓸 수 있으면 정확히 이해한 거죠!

눈으로만 읽고 끝낸다면, 지문을 온전히 다 이해했다고 보기 힘들 것입니다. 하나를 읽더라도 제대로 읽고 오래 기억할 수 있도록 이 책은 지문을 읽고 문제를 푼 후, 다시 우리말에 맞게 영어 문장을 쓰도록 구성되어 있습니다. 내가 직접 문장을 쓸 수 있다면 그 문장을 정확히 이해한 것이죠!

망각이 일어나기 전에 복습 설계

독일 출신 심리학자인 에빙하우스의 망각 이론에 따르면, 방금 본 단어도 외운 지 10분부터 망각이 일어나서 1일 후에 70% 이상이 사라진다고 합니다. 모든 공부는 한 번에 이뤄지지 않습니다. 탄탄한 리딩 실력을 기르기 위해서는 꼭 복습이 이뤄져야 합니다. 이 교재의 학습이 끝난 후 '바빠 공부단 카페'의 바빠 자료실에서 받아쓰기 PDF로 복습할 수 있습니다. PDF 학습자료까지 끝내고 나면 단어와 문장이 저절로 장기기억으로 넘어가 오래 기억할 수 있을 거예요!

TIP

'오늘부터 한 달 동안 이 책 한 권을 다 풀 거야!'라고 공개적으로 약속하면 끝까지 풀 확률이 높아진대요! 결심과 함께 책 사진을 찍어 친구나 부모님께 공유해 보세요!

이 책을 효율적으로 보는 방법

Unit 01 Coral Reefs
산호초

Grammar Check 문법 배우기

현재진행형 (am/are/is + 동사ing)	'be동사 + 동사ing' 형태로 '~하는 중이다, ~하고 있다'라고 해석해요. 상황에 따라 '곧 ~할 것이다'라는 가까운 미래의 일을 나타내기도 해요.

동사	규칙	예시
대부분의 동사	동사원형 + -ing	do → doing eat → eating
-e로 끝나는 동사	e를 빼고 + -ing	come → coming live → living
-ie로 끝나는 동사	ie를 y로 고치고 + -ing	lie → lying die → dying
단모음+단자음으로 끝나는 동사	자음을 한 번 더 쓰고 + -ing	sit → sitting cut → cutting

● 예외: '-e'로 끝나지만 -ing만 붙이는 동사도 있어요.
see 보는 seeing 명사하는 8   dye 염색하다 dyeing 염색하는 8

Quiz 주어진 단어를 활용하여 문장을 완성하세요.

① I'm _____ in the front seat.
② He is _____ a letter to his parents. (write)
③ They're not _____ in the library. (study)

① 나는 앞자리에 앉아 있다. ② 그는 부모님께 편지를 쓰는 중이다. ③ 그들은 도서관에서 공부하고 있지 않다.

11

> 핵심 문법을 습득해요!

1단계 문법 배우기

유닛의 핵심 문법을 익히고
퀴즈로 확인해 보세요.

Read a Story 지문 읽기
Theme 환경   Words 03

Coral reefs are important for sea life. They are homes for many fish and sea animals. But they are in trouble now. Corals are ⓐ _____ (die). The ocean is becoming too hot for corals, and they are losing their color. Trash in the sea is also harming coral reefs.

Many sea creatures are losing their homes and ⓑ _____ (get) sick because of pollution. Scientists are studying the problem and working hard on it. The ocean should be cooler and cleaner before the situation gets worse.

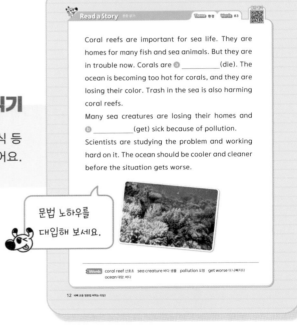

Words coral reef 산호초   sea creature 바다 생물   pollution 오염   get worse 더 나빠지다
ocean 대양, 바다

12 바빠 초등 영문법 써먹는 리딩2

> 문법 노하우를
> 대입해 보세요.

2단계 지문 읽기

학교 공부에 필요한 다양한 배경지식 등
흥미진진한 지문을 읽어요.

Comprehension Check 문제 풀기

1 글의 제목으로 가장 적절한 것을 고르세요.
① 위험에 빠진 산호초
② 다양한 해양 생물들
③ 산호초의 중요한 역할
④ 산호초 색깔의 비밀

2 주어진 단어를 활용하여 빈칸 ⓐ, ⓑ에 알맞게 써 보세요.
ⓐ _____   ⓑ _____

> 빈칸이 동사 자리라면 시제에 유의해야 해!

3 빈칸에 들어갈 말로 알맞게 연결된 것을 고르세요.

Q: Why are coral reefs in danger?
A: The temperature of the ocean is _____ and water pollution is _____ them.

> 유형별 문제 풀이
> 꿀팁이 가득해요!

① increasing - helping
② increasing - harming
③ decreasing - helping
④ decreasing - harming

배경지식 plus

산호 백화현상
산호 백화현상은 산호가 수온과 급격한 변화로 하얗게 죽어 가는 현상이에요. 산호초는 전 세계적으로 위협을 받고 있어요. 산호의 채굴, 오염, 남획, 문화의 급격 등으로 인해 전 세계 산호초의 50% 이상이 2030년까지 멸종할 거예요. 따라서 대부분의 국가들은 환경법을 통해 산호초를 보호해야 해요.

13

3단계 문제 풀기

다양한 유형별 문제를 풀어요.
문제를 풀다 보면 지문이 더 깊게 이해될 거예요.

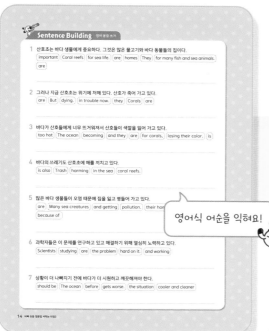

Sentence Building 영어 문장 쓰기

1 산호초는 바다 생물에게 중요하다. 그것은 많은 물고기와 바다 동물들의 집이다.
important | Coral reefs | for sea life. | are | homes | They | for many fish and sea animals.
are

2 그러나 지금 산호초는 위기에 처해 있다. 산호가 죽어 가고 있다.
are | But | dying. | in trouble now. | they | Corals | are

3 바다가 산호초에게 너무 뜨거워져서 산호들이 색깔을 잃어 가고 있다.
too hot | The ocean | becoming | and they | are | for corals, | losing their color. | is

4 바다의 쓰레기도 산호초에 해를 끼치고 있다.
is also | Trash | harming | in the sea | coral reefs.

5 많은 바다 생물들이 오염 때문에 집을 잃고 병들어 가고 있다.
are | Many sea creatures | and getting | pollution. | their hom | because of |

6 과학자들은 이 문제를 연구하고 있고 해결하기 위해 열심히 노력하고 있다.
Scientists | studying | are | the problem | hard on it. | and working

7 상황이 더 나빠지기 전에 바다가 더 시원하고 깨끗해져야 한다.
should be | The ocean | before | gets worse. | the situation | cooler and cleaner

14 바빠 초등 영문법 써먹는 리딩

> 영어식 어순을 익혀요!

4단계 영어 문장 쓰기

우리말에 알맞게 영작을 연습해요.
주어와 동사뿐만 아니라 목적어, 보어 등
문법적 쓰임이 더 잘 파악될 거예요.

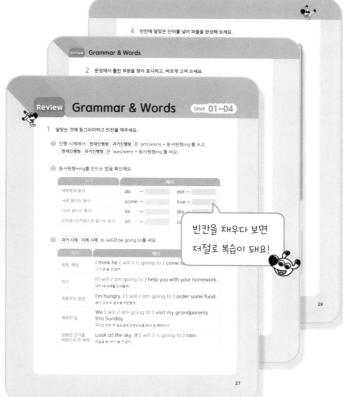

4 빈칸에 알맞은 단어를 넣어 퍼즐을 완성해 보세요.

Review Grammar & Words

2 문장에서 틀린 부분을 찾아 표시하고, 바르게 고쳐 쓰세요.

Review Grammar & Words Unit 01~04

1 알맞은 것에 동그라미하고 빈칸을 채우세요.

① 진행 시제에서 현재진행형 / 과거진행형 은 'am/are/is + 동사원형ing'를 쓰고,
현재진행형 / 과거진행형 은 'was/were + 동사원형ing'를 써요.

② 동사원형+ing를 만드는 법을 확인해요.

동사		예시	
대부분의 동사	do		eat→
-e로 끝나는 동사	come→		live→
-ie로 끝나는 동사	lie		die→
단모음+단자음으로 끝나는 동사	sit		cu

③ 과거 시제 / 미래 시제 는 will과 be going to를 써요.

의미	예시
추측, 예상	I think he (will / is going to) come s... 그가 곧 올 것 같아
의지	I (will / am going to) help you with your homework. 내가 네 숙제를 도와줄게
즉흥적인 결정	I'm hungry. I (will / am going to) order some food. 배가 고프네. 음식을 주문할게
계획한 일	We (will / are going to) visit my grandparents this Sunday. 우리는 이번 주 일요일에 조부모님을 뵈러 갈 예정이야
명확한 근거를 바탕으로 한 예측	Look at the sky. It (will / is going to) rain. 하늘을 봐. 비가 올 것 같아

> 빈칸을 채우다 보면 저절로 복습이 돼요!

27

29

5단계 복습하기

네 개의 유닛마다 문법과 단어를
문제 풀이로 총정리해요!

원어민의 발음을 꼭 듣자!

QR코드를 이용해 지문을 여러 번 듣고 따라 하세요.
스마트폰에 QR코드 앱이 설치되어 있어야 합니다.
'바빠 공부단 카페'에서 MP3를 다운로드할 수도 있습니다.

🎧 원어민 발음 음원 다운로드

'바빠 공부단 카페'의 바빠 자료실에서
〈바빠 초등 영문법 써먹는 리딩〉을
검색하세요!

바빠 공부단 카페 www.easysedu.co.kr

| 바빠 공부단 | 검색 |

Contents

바빠 초등 영문법 써먹는 리딩 ❷ – AR 3.0 / Words 70~90

PART 1 시제에 집중해서 읽기 | | | | 학습일

01	Coral Reefs 산호초	현재진행형 (be+ing)	11	월 일
02	Hobbies with Technology 기술과 함께 하는 취미	과거진행형 (be+ing)	15	월 일
03	The Pulitzer Prize 퓰리처상	will	19	월 일
04	No Show 노쇼	be going to	23	월 일
Review	Grammar & Words		27	월 일

PART 2 조동사에 집중해서 읽기

05	Smart Shoppers 현명한 소비자들	can	31	월 일
06	Cultural Stereotypes 문화적 고정관념	may	35	월 일
07	Pet Ownership 반려동물을 돌볼 책임	must	39	월 일
08	NIMBY 님비 현상	should	43	월 일
Review	Grammar & Words		47	월 일

PART 3 조동사 기능을 하는 복합어에 집중해서 읽기

09	Ballet 발레	be able to	51	월 일
10	Modern Entertainment 현대 오락	used to / would	55	월 일
11	School Uniforms 교복	have to / don't have to	59	월 일
12	Birthday Gifts 생일 선물	had better	63	월 일
Review	Grammar & Words		67	월 일

PART 4	문형에 집중해서 읽기			학습일	
13	Earthquakes 지진	명령문	71	월	일
14	Sleep 수면	감탄문	75	월	일
15	Upcycling 업사이클링	청유문	79	월	일
16	History Education 역사 교육	부가의문문	83	월	일
Review	Grammar & Words		87	월	일

PART 5	전치사에 집중해서 읽기				
17	A Sports Festival 스포츠 축제	시간 전치사 at, on, in	91	월	일
18	Christmas in the South 남쪽의 크리스마스	장소 전치사 at, on, in	95	월	일
19	A Campus Tour 대학교 투어	시간 전치사 for, during	99	월	일
20	Digital Detox 디지털 디톡스	시간 전치사 until, by	103	월	일
Review	Grammar & Words		107	월	일
	정답 및 해석		111		

바빠 초등 영문법 써먹는 리딩 시리즈

≪바빠 초등 영문법 써먹는 리딩≫은 AR 지수로 수준을 나눠 총 3권으로 구성했습니다!

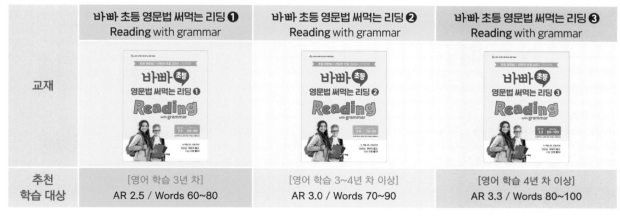

	바빠 초등 영문법 써먹는 리딩 ❶ Reading with grammar	바빠 초등 영문법 써먹는 리딩 ❷ Reading with grammar	바빠 초등 영문법 써먹는 리딩 ❸ Reading with grammar
교재			
추천 학습 대상	[영어 학습 3년 차] AR 2.5 / Words 60~80	[영어 학습 3~4년 차 이상] AR 3.0 / Words 70~90	[영어 학습 4년 차 이상] AR 3.3 / Words 80~100

AR 지수란 미국 르네상스러닝 사의 공식에 따라 분석한 텍스트 난이도 지수입니다. 사용된 단어의 수준, 문장의 길이와 복잡성, 전체 글의 분량 등을 바탕으로 매깁니다. AR 지수는 미국의 학년과 연계되어, AR 3.0이라면 미국 초등학교의 평균적인 3학년 정도된 학생이 읽는 난이도입니다.

PART 1

시제에 집중해서 읽기

지문을 읽을 때 동사를 집중해서 보면서 시제를 파악하는 것이 중요해요.
시제를 파악하면, 시간의 순서대로 사건을 파악할 수 있어요.

Unit 01	Coral Reefs 산호초	현재진행형 (be+ing)
Unit 02	Hobbies with Technology 기술과 함께 하는 취미	과거진행형 (be+ing)
Unit 03	The Pulitzer Prize 퓰리처상	will
Unit 04	No Show 노쇼	be going to

Grammar Check 문법 배우기

현재진행형 (am/are/is + 동사ing)	'be동사 + 동사ing' 형태로 '~하는 중이다, ~하고 있다'라고 해석돼요. 상황에 따라 '곧 ~할 것이다'라는 가까운 미래의 일을 나타내기도 해요.

동사	규칙	예시
대부분의 동사	동사원형 + -ing	do → doing eat → eating
-e로 끝나는 동사	e를 빼고 + -ing	come → coming live → living
-ie로 끝나는 동사	ie를 y로 고치고 + -ing	lie → lying die → dying
단모음+단자음으로 끝나는 동사	자음을 한 번 더 쓰고 + -ing	sit → sitting cut → cutting

○ 예외: '-e'로 끝나지만 -ing만 붙이는 동사도 있어요.
ex seeing 보는 중 dyeing 염색하는 중

be동사는 주어에 맞춰서 am, are, is 중에서 골라서 사용하면 돼.

Quiz 주어진 단어를 활용하여 문장을 완성하세요.

❶ I'm _____ in the front seat. (sit)

❷ He is _____ a letter to his parents. (write)

❸ They're not _____ in the library. (study)

---

① 나는 앞자리에 앉아 있다. ② 그는 부모님께 편지를 쓰는 중이다. ③ 그들은 도서관에서 공부하고 있지 않다.

Coral reefs are important for sea life. They are homes for many fish and sea animals. But they are in trouble now. Corals are ⓐ _____(die). The ocean is becoming too hot for corals, and they are losing their color. Trash in the sea is also harming coral reefs.

Many sea creatures are losing their homes and ⓑ _____(get) sick because of pollution. Scientists are studying the problem and working hard on it. The ocean should be cooler and cleaner before the situation gets worse.

⅍ Words   coral reef 산호초   sea creature 바다 생물   pollution 오염   get worse 더 나빠지다
ocean 대양, 바다

Comprehension Check 문제 풀기

1 글의 제목으로 가장 적절한 것을 고르세요.
제목 파악

① 위험에 빠진 산호초

② 다양한 해양 생물들

③ 산호초의 중요한 역할

④ 산호초 색깔의 비밀

2 주어진 단어를 활용하여 빈칸 ⓐ, ⓑ에 알맞게 써 보세요.
어법 판단

ⓐ  _____

ⓑ _____

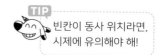
TIP
빈칸이 동사 위치라면, 시제에 유의해야 해!

3 빈칸에 들어갈 말로 알맞게 연결된 것을 고르세요.
요약 정리

Q: Why are coral reefs in danger?
A: The temperature of the ocean is _____,
   and water pollution is _____ them.

① increasing   –   helping

② increasing   –   harming

③ decreasing   –   helping

④ decreasing   –   harming

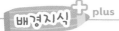 plus

산호 백화현상

산호 백화현상은 산호가 수온의 급격한 변화로 하얗게 죽어 가는 현상이에요. 산호초는 전 세계적으로 위협을 받고 있어요. 산호의 채굴, 오염, 남획, 운하의 굴착 등으로 인해 전 세계 산호초의 50% 이상이 2030년까지 멸종할 거래요. 따라서 대부분의 국가들은 환경법을 통해 산호초를 보호해야 해요.

1 산호초는 바다 생물에게 중요하다. 그것은 많은 물고기와 바다 동물들의 집이다.

important   Coral reefs   for sea life.   are   homes   They   for many fish and sea animals.

are

_____

2 그러나 지금 산호초는 위기에 처해 있다. 산호가 죽어 가고 있다.

are   But   dying.   in trouble now.   they   Corals   are

_____

3 바다가 산호들에게 너무 뜨거워져서 산호들이 색깔을 잃어 가고 있다.

too hot   The ocean   becoming   and they   are   for corals,   losing their color.   is

_____

4 바다의 쓰레기도 산호초에 해를 끼치고 있다.

is also   Trash   harming   in the sea   coral reefs.

_____

5 많은 바다 생물들이 오염 때문에 집을 잃고 병들어 가고 있다.

are   Many sea creatures   and getting   pollution.   their homes   sick   losing

because of

_____

6 과학자들은 이 문제를 연구하고 있고 해결하기 위해 열심히 노력하고 있다.

Scientists   studying   are   the problem   hard on it.   and working

_____

7 상황이 더 나빠지기 전에 바다가 더 시원하고 깨끗해져야 한다.

should be   The ocean   before   gets worse.   the situation   cooler and cleaner

_____

Hobbies with Technology

기술과 함께 하는 취미

Grammar Check 문법 배우기

과거진행형 (was/were + 동사ing)	과거의 특정한 시점에 일어나고 있던 일을 표현해요. 'be동사 과거형 + 동사ing' 형태로 '~하는 중이었다'라고 해석해요.

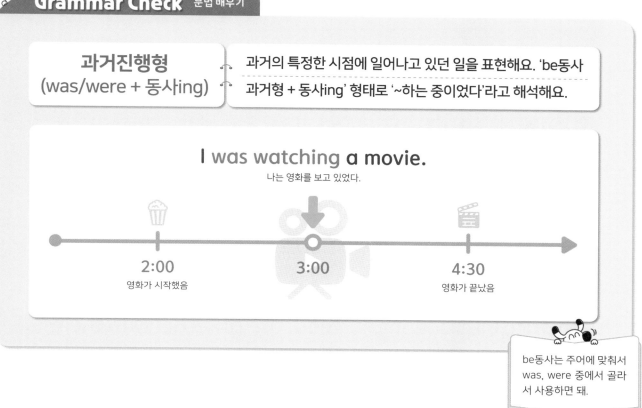

I was watching a movie.

나는 영화를 보고 있었다.

2:00
영화가 시작했음

3:00

4:30
영화가 끝났음

be동사는 주어에 맞춰서 was, were 중에서 골라 서 사용하면 돼.

Quiz 빈칸에 들어갈 알맞은 구문과 연결하세요.

❶ I _____ a mystery book yesterday.   ·

❷ My dad _____ dinner for us.   ·

❸ My best friend and I _____ a movie.   ·

· ⓐ was cooking

· ⓑ was reading

· ⓒ were watching

① 나는 어제 추리 소설을 읽고 있었다. ② 아빠는 우리를 위해 저녁을 만들고 있었다. ③ 내 가장 친한 친구와 나는 영화를 보는 중이었다.

In the past, kids were ⓐ spending | spent their free time doing simple activities like riding bikes or reading books. They used to engage in physical games like hide-and-seek, tag, and soccer.

However, now technology plays a major role in their daily activities. Children enjoy drawing, but many are now ⓑ designing | design things with the help of AI programs or other apps. They still love playing with their friends. But they don't need to have face-to-face interactions. Instead, they interact with their friends online through game platforms and other apps.

Words　spend time 시간을 보내다　engage in ~에 참여하다　physical 신체적인
hide-and-seek 숨바꼭질　tag 술래잡기　face-to-face interaction 대면 소통　interact 소통하다

1 글의 주제로 가장 적절한 것을 고르세요.

주제 파악

① AI의 다양한 활용

② 놀이 문화의 변화

③ 대면 상호작용의 필요성

④ 청소년 교우 관계의 문제점

2 글의 내용과 일치하는 것을 고르세요.

내용 확인

① 과거에는 신체를 사용하는 놀이를 많이 했다.

② 과거에는 친구들과 상호작용이 적었다.

③ 요즘 아이들은 그림 그리기를 좋아하지 않는다.

④ 요즘 아이들은 혼자 노는 것을 선호한다.

3 어법상 글의 ⓐ와 ⓑ에 들어갈 말로 알맞은 것을 고르세요.

어법 추론

ⓐ spending | spent

ⓑ designing | design

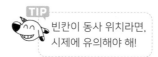

빈칸이 동사 위치라면,
시제에 유의해야 해!

 plus

디지털 네이티브(Digital Native)
디지털 네이티브는 태어나면서부터 개인용 컴퓨터, 스마트폰 등 디지털 기기에 둘러싸여 성장한 세대를 가리키는 용어예요. 다양한 디지털 기기를 사용해 동시다발적으로 여러 정보를 얻거나 인스턴트 메신저 등을 통해 상대방과 즉각적인 의사소통을 하는 데에 익숙해요.

1 과거에는 아이들이 자전거 타기나 책 읽기 같은 간단한 활동을 하며 여가 시간을 보냈다.

[spending] [In the past,] [were] [or reading books.] [kids] [like riding bikes]
[doing simple activities] [their free time]

_____

2 그들은 숨바꼭질, 술래잡기, 축구와 같은 신체적인 게임을 하곤 했다.

[used to] [engage in physical games] [They] [like hide-and-seek, tag, and soccer.]

_____

3 그러나 지금은 기술이 아이들의 일상적인 활동에서 중요한 역할을 한다.

[now technology] [However,] [a major role] [plays] [in their daily activities.]

_____

4 아이들은 그림 그리기를 좋아하지만, 이제 많은 아이들이 AI 프로그램이나 다른 앱의 도움으로 디자인을 하고 있다.

[enjoy drawing,] [Children] [are] [or other apps.] [but] [now designing things] [many]
[with the help of AI programs]

_____

5 그들은 여전히 친구들과 노는 것을 좋아한다.

[still love] [They] [with their friends.] [playing]

_____

6 하지만 얼굴을 맞대고 상호작용할 필요는 없다.

[need to] [don't] [But] [have face-to-face interactions.] [they]

_____

7 대신, 그들은 게임 플랫폼과 다른 앱을 통해 온라인으로 친구들과 소통한다.

[interact] [Instead,] [through game platforms and other apps.] [they] [with their friends online]

_____

The Pulitzer Prize

풀리처상

Grammar Check 문법 배우기

미래 시제 will	'~할 것이다'라는 의미로, 'will + 동사원형'으로 써요. 추측 및 예상, 의지 등을 표현하며, 계획에 없던 결정을 표현할 때도 사용해요.

의미	예시
추측, 예상	I think he will come soon. 그가 곧 올 것 같아.
의지	I will help you with your homework. 내가 네 숙제를 도와줄게.
즉흥적인 결정	I'm hungry. I will order some food. 배가 고프네. 음식을 주문할게.

○ 대명사 주어와 will은 축약해서 쓸 수 있어요.
ex I'll, You'll, She'll, He'll, It'll, They'll 등

will의 부정은 will not 또는 won't를 써.
'~하지 않을 것이다'란 뜻이야.

Quiz 알맞은 단어를 고르세요.

① I'm too full. I [will | won't] skip dinner.

② She [will | won't] eat more vegetables for her health.

③ He [will | won't] buy a new phone. Instead, he [will | won't] save some money.

---

① 나는 배가 너무 부르다. 저녁은 안 먹을 것이다. ② 그녀는 건강을 위해서 채소를 더 먹을 것이다. ③ 그는 새 핸드폰을 사지 않을 것이다. 대신에 그는 돈을 모을 것이다.

Columbia University in New York awards the Pulitzer Prize. ⓐ It honors the best work in journalism, literature, and music in the United States. ⓑ It is a great honor, especially for journalists. ⓒ Some people call it "the Nobel Prize for journalists." ⓓ The Nobel Prize is in several categories, including physics, chemistry, and literature.

Pulitzer winner William Snyder said, "It's not a photography contest. It will tell you the biggest stories of the year." Pulitzer-winning photographs carry important messages for the world. Sadly but most likely, there _____ be more work about conflicts, poverty, and natural disasters.

Joseph Pulitzer

 Words　award 수여하다　honor 기리다　physics 물리학　chemistry 화학　literature 문학
winner 수상자　photography contest 사진 공모전　carry 전달하다　conflict 갈등
poverty 가난　natural disaster 자연 재해

Comprehension Check 문제 풀기

1 글에 언급되지 <u>않은</u> 것을 고르세요.
내용 일치

① 퓰리처상 주관처

② 퓰리처상 시상 부문

③ 퓰리처상 대표 수상작

④ 퓰리처상의 의미

2 글의 흐름과 관계 <u>없는</u> 문장을 고르세요.
내용 확인

① ⓐ   ② ⓑ   ③ ⓒ   ④ ⓓ

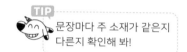
문장마다 주 소재가 같은지
다른지 확인해 봐!

3 빈칸에 들어갈 알맞은 단어를 본문에서 찾아 쓰세요.
단어 추론

_____

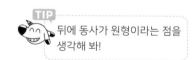
뒤에 동사가 원형이라는 점을
생각해 봐!

plus

퓰리처상(Pulitzer Prize)
헝가리계 미국인인 조지프 퓰리처가 남긴 유언에 따라 50만 달러의 기금으로 1917년에 만들어진 상이에요. 언론계의 노벨상이라고
불리지만 전 세계인을 대상으로 하는 상은 아니에요. 언론 부문은 미국 언론과 미국 언론계에 종사하는 언론인만을 대상으로 삼는 것
이 원칙이고, 예술 부문은 미국인, 미국과 관련된 것만 대상으로 해요.

1 뉴욕의 컬럼비아대학교는 퓰리처상을 수여한다.

[the Pulitzer Prize.] [Columbia University] [awards] [in New York]

_____

2 이 상은 미국 내 언론, 문학, 음악 분야에서 최고의 작품을 기린다.

[literature,] [in journalism,] [It] [and music] [in the United States.] [honors] [the best work]

_____

3 이 상은 특히 언론인들에게 큰 영예이다.

[a great honor,] [It] [especially for journalists.] [is]

_____

4 일부 사람들은 이를 '언론인들의 노벨상'이라고 부른다.

["the Nobel Prize] [it] [Some people] [for journalists."] [call]

_____

5 퓰리처상 수상자인 윌리엄 스나이더는 "이건 사진 공모전이 아니다. 올해의 가장 중대한 이야기
들을 전해줄 것이다."라고 말했다.

[you] [William Snyder] [Pulitzer winner] [of the year."] [will] [said,] ["It's not] [tell]
[a photography contest.] [It] [the biggest stories]

_____

6 퓰리처상을 받은 사진들은 세계에 중요한 메시지를 전달한다.

[for the world.] [carry] [Pulitzer-winning photographs] [important messages]

_____

7 슬프지만 아마도, 갈등, 빈곤, 자연 재해에 관한 작품들이 더 많아질 것이다.

[will] [Sadly but most likely,] [be] [there] [about conflicts, poverty, and natural disasters.]
[more work]

_____

Grammar Check 문법 배우기

미래 시제 be going to	이미 결정을 내렸거나 계획을 세운 앞으로의 일, 또는 가까운 미래에 나타날 일을 말할 때 써요.

의미	예시
계획한 일	**We're going to visit my grandparents this Sunday.** 우리는 이번 주 일요일에 조부모님을 뵈러 갈 예정이야.
명확한 근거를 바탕으로 한 예측	**Look at the sky. It is going to rain.** 하늘을 봐. 비가 올 것 같아.

○ will과는 다른 의미로 쓰여요.

ex I am going to buy a new book.　　vs.　　I will buy a new book.
　　나는 새 책을 사려고 해. (이미 계획된 상황)　　　　나는 새 책을 사려고 해. (즉흥적 결정)

be동사는 주어에 맞춰서 현재 시제에는 am, are, is 중에서, 과거 시제에는 was, were 중에서 골라서 사용하면 돼.

Quiz 알맞은 단어를 고르세요.

① Next year, my family [is | was] going to travel to Mongolia.

② He [is | is not] going to help me. He looks so busy.

③ [Will | Are] you going to play soccer after school?

① 내년에 우리 가족은 몽골로 여행 갈 것이다. ② 그는 나를 안 도와줄 것이다. 너무 바빠 보인다. ③ 너는 방과 후에 축구할 거니?

Tomorrow, Lucas and I ⓐ [am | are] going to perform together at the school talent show. We're going to give a speech about the urgent issue of global warming. We researched extensively and wrote the script by ourselves. We were really looking forward to presenting our message.

But Lucas didn't show up for our last rehearsal today. I can't believe my best friend let me down. It's clear that we're ⓑ [able | not going] to win any awards.

Words perform 공연하다   talent show 장기자랑   urgent 긴급한   extensively 광범위하게
show up 나타나다   rehearsal 리허설   let down 실망시키다   clear 분명한

1 어법상 글의 ⓐ와 ⓑ에 들어갈 말로 알맞은 것을 고르세요.

어법 추론

ⓐ am | are

ⓑ able | not going

2 글의 내용과 일치하는 것을 고르세요.

내용 확인

① 글쓴이는 학교 대표로 연설하게 되었다.

② 유명한 연설문에서 대본을 발췌했다.

③ 최종 리허설을 하지 못했다.

④ 글쓴이는 대회에서 수상할 것이라고 확신한다.

3 'I'의 현재 심경으로 가장 적절한 것을 고르세요.

심경 추론

① thrilled

② motivated

③ surprised

④ frustrated

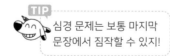

TIP 심경 문제는 보통 마지막 문장에서 짐작할 수 있지!

plus

미국의 독특한 학교 행사

· 50th Day of School: 학교 다닌 지 50일째를 기념하는 행사로, 미국의 1950년대 패션 스타일로 등교하는 행사 등 50과 관련된 활동을 해요.

· 100th Day of School: 학교 다닌 지 100일째 되는 날을 기념하는 행사로, 100세 노인 분장을 하는 활동 등 100과 관련된 활동을 해요.

1 내일, 루카스와 나는 학교 장기자랑에서 함께 발표할 예정이다.

at the school talent show. | Lucas and I | perform together | Tomorrow, | are going to

_____

2 우리는 지구 온난화라는 긴급한 문제에 대해 연설할 것이다.

about the urgent issue | give a speech | going to | of global warming. | We're

_____

3 우리는 광범위하게 조사하고 대본도 직접 썼다.

extensively | We | and wrote | researched | by ourselves. | the script

_____

4 우리는 우리의 메시지를 발표하는 것을 정말 기대하고 있었다.

were really looking forward to | We | presenting our message.

_____

5 하지만 루카스는 오늘 최종 리허설에 나타나지 않았다.

But Lucas | for our last rehearsal today. | didn't show up

_____

6 내 가장 친한 친구가 나를 실망시키다니 믿을 수 없다.

my best friend | believe | let me down. | I | can't

_____

7 우리가 어떤 상도 받지 못할 것은 분명하다.

not going to | It's | win any awards. | clear | that we're

_____

1 알맞는 것에 동그라미하고 빈칸을 채우세요.

① 진행 시제에서 (현재진행형 / 과거진행형)은 'am/are/is + 동사원형ing'를 쓰고,
(현재진행형 / 과거진행형)은 'was/were + 동사원형ing'를 써요.

② 동사원형+ing를 만드는 법을 확인해요.

동사	예시			
대부분의 동사	do →		eat →	
-e로 끝나는 동사	come →		live →	
-ie로 끝나는 동사	lie →		die →	
단모음+단자음으로 끝나는 동사	sit →		cut →	

③ (과거 시제 / 미래 시제)는 will과 be going to를 써요.

의미	예시
추측, 예상	I think he (will / is going to) come soon. 그가 곧 올 것 같아.
의지	I (will / am going to) help you with your homework. 내가 네 숙제를 도와줄게.
즉흥적인 결정	I'm hungry. I (will / am going to) order some food. 배가 고프네. 음식을 주문할게.
계획한 일	We (will / are going to) visit my grandparents this Sunday. 우리는 이번 주 일요일에 조부모님을 뵈러 갈 예정이야.
명확한 근거를 바탕으로 한 예측	Look at the sky. It (will / is going to) rain. 하늘을 봐. 비가 올 것 같아.

2 문장에서 <u>틀린</u> 부분을 찾아 표시하고, 바르게 고쳐 쓰세요.

① Corals are dieing.
산호가 죽어 가고 있다.

_____

② We're go to give a speech about an urgent issue.
우리는 긴급한 문제에 대해 연설할 것이다.

_____

③ It will tells you the biggest stories of the year.
그것은 올해의 가장 중대한 이야기들을 전해줄 것이다.

_____

④ We were really look forward to presenting our message.
우리는 우리의 메시지를 발표하는 것을 정말 기대하고 있었다.

_____

3 우리말 뜻에 알맞은 단어를 고르세요.

① 소통하다 ▶ □ carry   □ interact   □ award

② 나타나다 ▶ □ show up   □ engage in   □ let down

③ 갈등 ▶ □ conflict   □ winner   □ literature

④ 공연하다 ▶ □ honor   □ perform   □ tag

⑤ 바다 생물 ▶ □ sea creature   □ natural disaster   □ poverty

⑥ 리허설 ▶ □ hide-and-seek   □ physical   □ rehearsal

4 빈칸에 알맞은 단어를 넣어 퍼즐을 완성해 보세요.

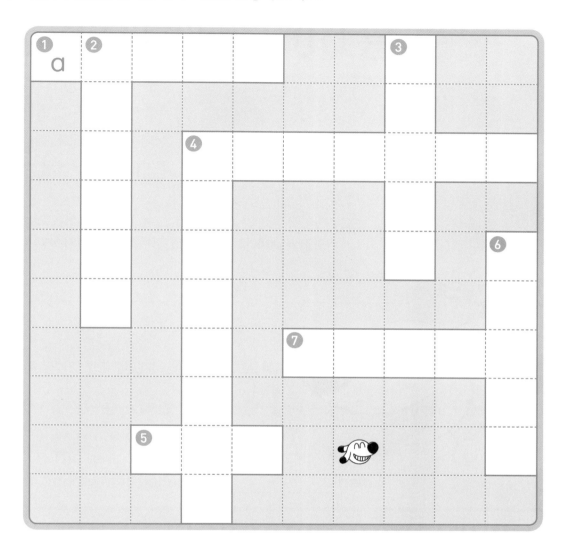

찾은 단어를
한 번 더 쓰세요!

→ Across 가로	
1 수여하다	⇒
4 가난	⇒
5 술래잡기	⇒
7 대양, 바다	⇒

↓ Down 세로	
2 수상자	⇒
3 산호	⇒
4 신체적인	⇒
6 기리다	⇒

PART 2 조동사에 집중해서 읽기

어떤 글에서 글쓴이의 의도를 파악하는 게 필요하죠?
글쓴이의 의도를 파악하는 방법 중 대표적인 방법은 조동사를 살펴보는 거예요. 조동사로 능력, 허가, 요청, 추측, 가능성 등 자세한 의미를 부여하기 때문이죠!
그래서 조동사를 잘 살피는 것이 중요해요.

Unit 05 Smart Shoppers
현명한 소비자들 — can

Unit 06 Cultural Stereotypes
문화적 고정관념 — may

Unit 07 Pet Ownership
반려동물을 돌볼 책임 — must

Unit 08 NIMBY
님비 현상 — should

Unit 05 Smart Shoppers

현명한 소비자들

Grammar Check 문법 배우기

조동사	동사 앞에서 동사의 의미를 보충해 주는 말

can	의미	예시
능력	~할 수 있다	He can swim. 그는 수영할 수 있어.
허가	~해도 된다	You can swim here. 너는 여기서 수영해도 돼.
요청	~해 주시겠어요?	Can you do me a favor? 부탁 좀 들어주시겠어요?
추측	과연 ~일까?	Can it be true? 그게 사실일까?
가능성	~할 가능성이 있다	Smoking can cause cancer. 흡연은 암을 유발할 가능성이 있어.

○ 능력을 나타내는 can은 be able to로 바꿔 쓸 수 있어요.
    ex He can swim. = He is able to swim.
○ can의 부정형은 cannot 또는 축약형 can't로 써요.
    ex I can't speak Korean. 나는 한국어를 못 해.

조동사의 '조(助)'는 '도와준다'는 의미야. 동사를 도와주는 조동사!

Quiz 알맞은 단어를 고르세요.

1 I don't believe that rumor. It [can | can't] be true.

2 Mr. Ahn [can | can't] speak four foreign languages. He's so smart!

3 Stress [can | can't] cause headaches.

---

① 나는 그 소문을 믿지 않아. 그건 사실일 리 없어. ② 안 선생님은 외국어 네 개를 할 수 있다. 그는 정말 똑똑하다! ③ 스트레스는 두통을 유발할 수 있다.

31

Smart shoppers make a list before going shopping. So they ⓐ can | can't remember important items. They don't buy unnecessary things. They set a budget and don't spend more than that amount. They sometimes buy things in larger amounts and share the cost with their friends. Wise shoppers often look for special offers because they can save money. Some people buy things just because they are on sale. Then, they ⓑ can | can't save money.

Shopping List

Words remember 기억하다   item 물건   unnecessary 불필요한   budget 예산   amount 양, 액수 cost 비용   look for 찾다   offer 제공, 할인   on sale 할인 중인

Comprehension Check 문제 풀기

1 글의 목적으로 가장 적절한 것을 고르세요.

[목적 파악]

① 쇼핑 목록 작성 방법을 알려주려고

② 충동구매의 문제점을 강조하려고

③ 할인 정보를 찾는 방법을 소개하려고

④ 현명한 소비자가 되는 방법을 설명하려고

2 글의 ⓐ와 ⓑ에 들어갈 말로 알맞은 것을 고르세요.

[어법 판단]

ⓐ can | can't

ⓑ can | can't

3 글의 내용과 일치하도록 <보기>에서 알맞은 단어를 골라 문장을 완성해 보세요.

[내용 파악]

보기   cost   necessary   offers

Wise shoppers buy the _____ items on their shopping list,
sometimes share the _____ with others, and search for
special _____.

 plus

충동구매는 사전에 구매할 계획에 없던 물건을 충동적으로 구매하는 행동을 말해요. 충동구매를 하지 않는 것만으로도 현명한 소비자가 될 수 있죠. 충동구매를 하는 이유는 크게 두 가지가 있어요. 하나는 기분이 우울하거나 스트레스를 받을 때이고, 다른 하나는 광고를 볼 때죠! 이때를 현명하게 잘 피하면 현명한 소비자가 될 수 있겠죠?

1 현명한 소비자들은 쇼핑 가기 전에 목록을 만든다.

[make a list] [Smart shoppers] [before going shopping.]

_____

2 그래서 그들은 중요한 물건들을 기억할 수 있다.

[important items.] [So they] [can remember]

_____

3 그들은 필요 없는 것들을 사지 않는다.

[don't buy] [They] [unnecessary things.]

_____

4 그들은 예산을 설정하고, 그 금액 이상은 지출하지 않는다.

[set a budget] [They] [more than that amount.] [and don't spend]

_____

5 그들은 때때로 더 많은 양의 물건들을 사고, 그 비용을 그들의 친구들과 나눈다.

[sometimes buy things] [They] [with their friends.] [and share the cost] [in larger amounts]

_____

6 현명한 소비자들은 돈을 아낄 수 있기 때문에 종종 특별 할인을 찾는다.

[often look for] [Wise shoppers] [because] [they] [special offers] [can save money.]

_____

7 어떤 사람들은 단지 할인 중이기 때문에 물건을 산다. 그래서 그들은 돈을 아낄 수 없다.

[they are] [Some people] [buy things] [just because] [on sale.] [can't save money.]
[Then, they]

_____

Cultural Stereotypes

문화적 고정관념

Grammar Check 문법 배우기

조동사	동사 앞에서 동사의 의미를 보충해 주는 말

may	의미	예시
추측	~일 수도 있다	The rumor **may** be true. 그 소문은 사실일 수도 있어.
허락/승인	~해도 된다	You **may** drink coffee. 너 커피 마셔도 돼.

o may의 부정형은 may not으로 써요.

ex He may not be hungry. 그는 배고프지 않을지도 몰라.

You may not leave the classroom now. 넌 지금 교실을 나가면 안 돼.

Quiz 알맞은 단어를 고르세요.

❶ You [may | may not] eat snacks in the library.

❷ She [may | may not] join us for the game. She's quite good at it.

❸ Let's study together. The teacher [may | may not] give us a quiz.

① 도서관에서 과자를 먹으면 안 돼. ② 그녀가 우리와 함께 경기를 할 수도 있어. 그녀는 그걸 꽤 잘해. ③ 같이 공부하자. 선생님께서 우리한테 시험을 내실 수도 있거든.

I'm from the Czech Republic. Last year, I visited Korea and had a wonderful time. But ⓐ do | may I say one thing? Sometimes I felt a little _____. People always spoke to me in English. They didn't ask about my nationality, but just assumed it based on my appearance. But English isn't my first language. We speak Czech in my country! I'm white and have blonde hair, but that doesn't tell you my first language. It can be wrong and ⓑ may | may not hurt people's feelings.

Words　wonderful 멋진　uncomfortable 불편한　nationality 국적　assume 추측하다
appearance 외모　first language 모국어　Czech 체코어　blonde hair 금발 머리

1 글의 ⓐ와 ⓑ에 들어갈 말로 알맞은 것을 고르세요.

[어법 판단]

ⓐ do | may

ⓑ may | may not

2 글의 빈칸에 들어갈 말로 가장 적절한 것을 고르세요.

[빈칸 추론]

① excited
② uncomfortable
③ exhausted
④ bored

3 글쓴이의 생각을 나타내는 말로 가장 적절한 것을 고르세요.

[주제 파악]

① Listen more than you talk.
② Don't judge people by their looks.
③ A journey begins with a single step.
④ A picture is worth a thousand words.

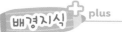 plus

겉모습만 보고 판단하지 말라는 내용의 영어 속담

· Don't judge a book by its cover. 책 표지만 보고 그 책을 판단하지 마라.

· You can't judge a tree by its bark. 나무 껍질만 보고 그 나무를 판단할 수는 없다.

· All that glitters is not gold. 반짝인다고 다 금은 아니다.

Sentence Building 영어 문장 쓰기

1 나는 체코 출신이다. 작년에 나는 한국을 방문해서 멋진 시간을 보냈다.

(from) (the Czech Republic.) (I'm) (and had) (Last year,) (I visited) (a wonderful time.)
(Korea)

---

2 그러나 내가 한 가지 말해도 될까? 때때로 나는 약간 불편함을 느꼈다.

(may) (But) (say) (I felt) (one thing?) (I) (a little uncomfortable.) (Sometimes)

---

3 사람들은 항상 나에게 영어로 말했다.

(always) (People) (spoke to me) (in English.)

---

4 그들은 내 국적을 묻지 않고, 내 외모를 근거로 추측했다.

(didn't ask) (They) (about my nationality,) (my appearance.) (based on)
(but just assumed it)

---

5 그러나 영어는 나의 모국어가 아니다. 우리는 우리나라에서 체코어로 말한다!

(isn't my first language.) (We speak) (But English) (in my country!) (Czech)

---

6 나는 백인이고 금발 머리지만, 그것이 너에게 내 모국어를 알려주는 것은 아니다.

(blonde hair,) (I'm) (but that) (white) (my first language.) (and have) (doesn't tell you)

---

7 그것은 틀릴 수 있고, 사람들의 감정을 상하게 할 수 있다.

(and may) (It) (people's feelings.) (hurt) (can be) (wrong)

Pet Ownership

Grammar Check 문법 배우기

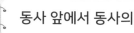

조동사	동사 앞에서 동사의 의미를 보충해 주는 말

must	의미	예시
강제/의무	~해야 한다	I must go home now. 나는 지금 집에 가야만 한다.
금지	~해서는 안 된다	You must not swim here. 여기서 수영해서는 안 된다.
강한 추측	~임이 틀림없다	He must be tried. 그는 피곤한 게 틀림없다.

○ must not은 '~하면 안 된다'라는 의미로, 반드시 지켜야 할 안전 규칙, 책임 및 지시 사항 등을 전달할 때 적합해요.

Quiz 알맞은 단어를 고르세요.

1 We ⟨ must | must not ⟩ shout in the library.

2 Will you ride a bike? Then you ⟨ must | must not ⟩ wear a helmet.

3 You ⟨ must | must not ⟩ use a cell phone during the test.

① 우리는 도서관에서 소리 지르면 안 된다. ② 너 자전거 탈 거야? 그럼 꼭 헬멧을 써야 해. ③ 시험 중에 핸드폰을 사용하면 안 된다.

Do you have a pet? A pet owner must be very responsible. Pets need constant care and affection. You ⓐ │ may │ must not │ leave them alone for a long time. You can hire a pet sitter or ask a friend for help. A pet's health is extremely important. You ⓑ │ must │ cannot │ take your pet to the vet for regular checkups. Frequent baths are also necessary for their well-being. Always keep your pet's living area _____.

Words   owner 주인   responsible 책임감 있는   affection 애정   leave 두고 가다   sitter 돌보는 사람
extremely 매우, 극히   vet 수의사   regular 규칙적인   checkup (건강)검진   frequent 잦은

Comprehension Check 문제 풀기

1 글의 주제로 가장 적절한 것을 고르세요.
주제 파악

① 인기 있는 반려동물
② 반려동물 입양 절차
③ 반려동물을 기르는 이유
④ 반려동물을 기를 때 주의할 점

2 글의 ⓐ와 ⓑ에 들어갈 말로 알맞은 것을 고르세요.
어법 판단

ⓐ   may | must not

ⓑ   must | cannot

3 빈칸에 들어갈 말로 적절하지 <u>않은</u> 것을 고르세요.
빈칸 추론

① safe   ② clean   ③ messy   ④ comfortable

 plus

동물등록제

반려동물 인구 1500만 시대, 동물등록제에 대해 들어 보셨나요? 반려 목적의 강아지나 고양이는 동물등록을 해야 해요. 동물등록이 왜 필요할까요? ① 만약 반려동물을 잃어버렸다면, 보호자 정보를 통해 신속하게 찾을 수 있어요. ② 법적으로 의무화된 제도이기 때문에, 등록하지 않을 경우 100만 원 상당의 과태료가 부과될 수 있어요. ③ 유기 동물에 대한 문제 해결에도 큰 도움이 돼요.

1 너는 반려동물이 있니? 반려동물 주인은 매우 책임감이 있어야 한다.

[must be] [you] [Do] [have] [very responsible.] [A pet owner] [a pet?]

_____

2 반려동물은 지속적인 돌봄과 애정이 필요하다.

[Pets] [constant care and affection.] [need]

_____

3 너는 그들을 오랫동안 혼자 남겨 둬서는 안 된다.

[must not] [You] [for a long time.] [leave] [them alone]

_____

4 너는 반려동물 돌보미를 고용하거나 친구에게 도움을 요청할 수 있다.

[a friend] [hire] [can] [a pet sitter] [You] [for help.] [or ask]

_____

5 반려동물의 건강은 매우 중요하다.

[extremely] [A pet's health] [important.] [is]

_____

6 너는 정기 검진을 위해 네 반려동물을 수의사에게 데려가야만 한다. 잦은 목욕 또한 그들의 건강한 삶을 위해 필수적이다.

[your pet] [You] [take] [must] [for regular checkups.] [to the vet] [are] [Frequent baths]
[for their well-being.] [also necessary]

_____

7 항상 네 반려동물의 생활 영역을 깨끗하게 유지해라.

[Always] [clean.] [your pet's living area] [keep]

_____

NIMBY

님비 현상

Grammar Check 문법 배우기

조동사		동사 앞에서 동사의 의미를 보충해 주는 말

should	의미	예시
의무	~해야 한다	You should go to school. 너는 학교에 가야 한다.
충고	~하는 것이 좋다	You should get some rest. 너는 쉬는 게 좋겠다.

○ should의 부정문은 should not을 써요. 보통 도덕적 판단 내용을 다뤄요.
　ex You should not lie to your parents. 부모님에게 거짓말을 하면 안 된다.
○ should not을 줄여서 shouldn't라고 써도 돼요.

must not vs. should not
must not은 강한 금지 및 의무를
말할 때, should not은 조언 및
충고를 할 때 써!

Quiz 알맞은 단어를 고르세요.

❶ You ⌈ should ┊ shouldn't ⌉ brush your teeth every day.

❷ Children ⌈ should ┊ shouldn't ⌉ eat too much candy.

❸ We ⌈ should ┊ shouldn't ⌉ recycle for the environment.

① 너는 양치를 매일 해야 한다. ② 아이들은 사탕을 너무 많이 먹으면 안 된다. ③ 우리는 환경을 위해 재활용을 해야 한다.

The city is building a new playground in our neighborhood. Many children, including my kids, are very excited about it. However, one of our neighbors doesn't want the playground next to his house. He says, "_____. The city ⓐ should | shouldn't change the plan! They ⓑ should | shouldn't build a playground near my yard!" This is an example of NIMBY—Not In My Backyard. This attitude shows people's selfish behavior.

Words build 짓다 playground 놀이터 neighborhood 근처, 동네, 이웃 yard 마당 noisy 시끄러운
backyard 뒷마당 selfish 이기적인 behavior 행동

Comprehension Check 문제 풀기

1 빈칸에 들어갈 말로 적절하지 않은 것을 고르세요.

빈칸 추론

① It'll be too noisy
② Kids will run and scream
③ Kids will have so much fun
④ There will be a lot of dust

2 글의 ⓐ와 ⓑ에 들어갈 말로 알맞은 것을 고르세요.

어법 판단

ⓐ should | shouldn't

ⓑ should | shouldn't

3 다음 설명에 해당하는 단어를 찾아 쓰세요.

단어 추론

thinking only about yourself and not caring about others' feelings or needs

_____

배경지식 ➕ plus

님비(NIMBY)는 혐오 시설이나 위험 시설이 자기 지역에 들어오는 것을 강력히 반대하는 현상이에요. 대표적인 사례로는 방사성 폐기물 처리장, 화장터, 교도소 등이 있지요. 지역 주민들이 자신의 권리와 안전을 지키는 것이라는 정당성도 가지지만 지역 이기주의라는 비판도 받아요. 예로 장애인 시설이나 복지 시설 같은 사회적으로 필요한 기관도 반대하는 경우죠.

1 시에서 우리 동네에 새 놀이터를 짓고 있다.

in our neighborhood. | is building | The city | a new playground

_____

2 내 아이들을 포함해 많은 아이들이 그것에 대해 매우 기대하고 있다.

including my kids, | Many children, | about it. | are very excited

_____

3 하지만 우리 이웃 중 한 사람은 그의 집 옆에 놀이터를 짓는 것을 원하지 않는다.

one of our neighbors | next to his house. | However, | the playground | doesn't want

_____

4 그가 말하길, "너무 시끄러울 거다. 시는 그 계획을 바꿔야만 한다!

be too noisy. | He says, | "It'll | should change | The city | the plan!

_____

5 그들은 내 마당 근처에 놀이터를 지어서는 안 된다!"

shouldn't | They | near my yard!" | build a playground

_____

6 이것은 님비(내 뒷마당에는 안 돼)의 예이다.

an example of NIMBY | This is | – Not In My Backyard.

_____

7 이 태도는 사람들의 이기적인 행동을 보여준다.

This attitude | people's selfish behavior. | shows

_____

1 각 문장 해석에 알맞은 조동사 뜻을 보기에서 찾아 써 보세요.

보기
a ~할 가능성이 있다 b 과연 ~일까? c ~해 주시겠어요? d ~해도 된다
e ~할 수 있다 f ~일 수 있다 g ~해야 한다 h ~해서는 안된다
i ~임이 틀림없다 j ~하는 것이 좋다

조동사	can	may	must	should
능력	He can swim.			
허가	You can swim here.	You may drink coffee.		
요청	Can you do me a favor?			
금지			You must not swim here.	
추측	Can it be true?	The rumor may be true.	He must be tired.	
가능성	Smoking can cause cancer.			
충고				You should get some rest.
의무			You must go home now.	You should go to school.

2 문장에서 <u>틀린</u> 부분을 찾아 표시하고, 바르게 고쳐 쓰세요.

1 Then they can't saved money.

그래서 그들은 돈을 아낄 수 없다.

_____

2 It can be wrong and has to hurt people's feelings.

그것은 틀릴 수 있고, 사람들의 감정을 상하게 할 수 있다.

_____

3 A pet owner must is very responsible.

반려동물 주인은 매우 책임감이 있어야 한다.

_____

4 You can hires a pet sitter or ask a friend for help.

너는 반려동물 돌보미를 고용하거나 친구에게 도움을 요청할 수 있다.

_____

3 우리말 뜻에 알맞은 단어를 고르세요.

1 주인	☐ sitter	☐ owner	☐ vet
2 잦은	☐ regular	☐ checkup	☐ frequent
3 애정	☐ affection	☐ budget	☐ cost
4 책임감 있는	☐ equal	☐ selfish	☐ responsible
5 할인 중인	☐ on sale	☐ in addition	☐ offer
6 놀이터	☐ backyard	☐ neighborhood	☐ playground

4 빈칸에 알맞은 단어를 넣어 퍼즐을 완성해 보세요.

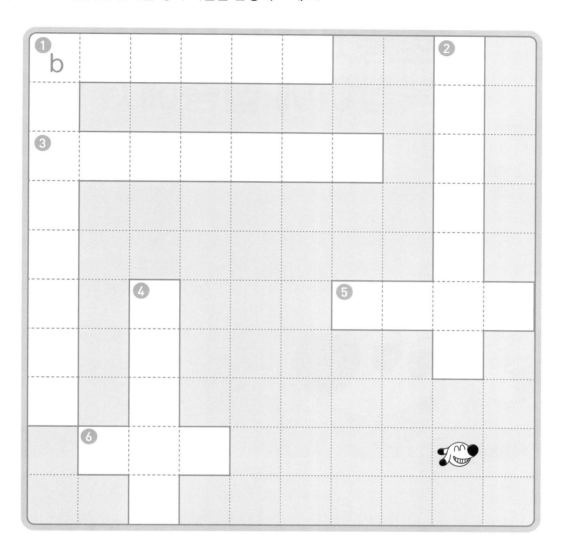

찾은 단어를
한 번 더 쓰세요!

→ Across 가로

1 예산 ⇒

3 (건강)검진 ⇒

5 비용 ⇒

6 수의사 ⇒

↓ Down 세로

1 뒷마당 ⇒

2 이기적인 ⇒

4 제공, 할인 ⇒

PART 3

조동사 기능을 하는
복합어에 집중해서 읽기

엄밀하게 조동사는 아니지만 조동
사 기능을 하는 복합어가 있어요.
**이 복합어도 알고 있어야 글쓴이
의 의도를 정확하게 파악하겠죠?**
이 복합어들은 조동사처럼 능력,
허가, 요청, 추측, 가능성 등 자세
한 의미를 부여해요! 그래서 조동
사를 잘 살피는 것과 마찬가지로
중요해요.

| Unit 09 | **Ballet** 발레 | be able to |

| Unit 10 | **Modern Entertainment** 현대 오락 | used to / would |

| Unit 11 | **School Uniforms** 교복 | have to / don't have to |

| Unit 12 | **Birthday Gifts** 생일 선물 | had better |

Unit 09 Ballet

발레

Grammar Check 문법 배우기

be able to	'~할 수 있다'라는 의미로, 조동사 can이 능력을 나타낼 때의 쓰임과 유사해요.

시제		예시
과거	was/were able to	I was able to swim so fast. 나는 수영을 정말 빨리 할 수 있었어.
현재	am/are/is able to	Is Jenny able to come to the party? 제니는 파티에 올 수 있니?
미래	will be able to	He will be able to speak English better. 그는 영어를 더 잘 할 수 있을 거야.

○ '~할 수 있을 것이다'라는 미래의 능력을 나타낼 때는 조동사 will과 can이 같이 쓰일 수 없으므로, 반드시 will be able to 구문을 활용해요.

Quiz 알맞은 단어를 고르세요.

❶ We are | were able to see the movie last weekend.

❷ My younger sister is | were able to read a book in English.

❸ In a few days, we be | will be able to visit the amusement park.

---

① 우리는 지난 주말에 그 영화를 볼 수 있었다. ② 내 여동생은 영어로 된 책을 읽을 수 있다. ③ 며칠 뒤에, 우리는 놀이공원에 갈 수 있을 것이다.

Ballet tells a story with deep emotions through beautiful movements. It originally started as a special dance for kings and queens. King Louis XIV of France loved ballet very much. He even danced in some shows!

In the early days, women ⓐ were | were not able to perform on stage. Only male dancers <u>could</u>. Women appeared as dancers on stage in the late 17th century. Over time, female dancers ⓑ were | were not able to take important roles and became more significant.

Words deep 깊은　emotion 감정　originally 원래　perform 공연하다　stage 무대　male 남성의
appear 등장하다, 출연하다　century 세기　role 역할　significant 중요한

1 글의 주제로 가장 적절한 것을 고르세요.

주제 파악

① 발레의 역사

② 프랑스 발레 특징

③ 유명한 발레 작품

④ 발레리나의 자질

2 글의 ⓐ와 ⓑ에 들어갈 말로 알맞은 것을 고르세요

빈칸 추론

ⓐ were | were not

ⓑ were | were not

3 밑줄 친 could가 담고 있는 내용을 써 보세요.

지칭 추론

_____

 plus

루이 14세의 발레 사랑

프랑스의 '태양왕' 루이 14세는 11살에 발레를 처음 접해서 푹 빠지게 되었어요. '태양왕'이라는 별명도 그가 <밤의 발레>라는 작품에서 '태양' 역을 맡은 데서 유래했대요.

1 발레는 아름다운 움직임을 통해 깊은 감정들이 담긴 이야기를 말한다.

[a story with deep emotions] [through beautiful movements.] [Ballet] [tells]

_____

2 그것은 원래 왕들과 여왕들을 위한 특별한 춤으로 시작했다.

[as a special dance] [for kings and queens.] [It] [originally started]

_____

3 프랑스의 루이 14세 왕은 발레를 아주 사랑했다.

[ballet] [King Louis XIV of France] [very much.] [loved]

_____

4 그는 심지어 몇몇 공연들에서 춤도 췄다!

[in some shows!] [He] [even danced]

_____

5 초기에는 여성들은 무대에서 공연할 수 없었다. 오직 남성 무용수들만 할 수 있었다.

[women] [In the early days,] [could.] [were not able to perform] [Only male dancers]
[on stage.]

_____

6 여성들은 17세기 후반에 무대에 무용수로서 등장했다.

[as dancers] [Women] [on stage] [in the late 17th century.] [appeared]

_____

7 시간이 흘러, 여성 무용수들은 중요한 역할들을 맡을 수 있었고, 더 중요해졌다.

[were able to take important roles] [Over time,] [and became more significant.]
[female dancers]

_____

Modern Entertainment

현대 오락

Grammar Check 문법 배우기

used to/would + 동사원형	'~하곤 했었다'라는 의미로, 과거의 습관 및 상태를 말할 때 사용해요.

종류	의미	예시
used to	과거의 습관적인 행동이나 상태	I used to play soccer every weekend. 나는 주말마다 축구를 하곤 했다. I used to be very shy. 나는 예전에는 수줍음이 아주 많았다.
would	과거의 반복적인 습관 및 동작	Every summer, we would go camping. 매년 여름, 우리는 캠핑을 가곤 했다.

○ would는 상태를 표현하지 않아요.
  ex I would be very talkative. (X) → I used to be very talkative. (○)
            나는 예전에는 아주 수다스러웠다.

used to는 지금은 더 이상 하지 않는 습관일 때 써.
I used to have breakfast.
나는 아침 식사를 했었다.('이제는 하지 않는다'는 뜻)

Quiz 알맞은 단어를 고르세요.

❶ There [used to | would] be a big shopping mall on this street.

❷ I [used to | will] eat a lot of junk food, but now I eat healthier food.

❸ In winter, my sister and I [am able to | would] skate on the lake.

① 이 거리에 큰 쇼핑몰이 있었다. ② 예전에는 정크푸드를 많이 먹었었는데, 지금은 더 건강한 음식을 먹는다. ③ 겨울에 누나랑 나는 호수에서 스케이트를 타곤 했었다.

People used to watch TV shows on a few major channels, and families _____ sit together in the living room for the shows. People also used to go to the movie theater often for a ⓐ special outing. Today, things have changed a lot. People ⓑ rarely watch regular TV anymore. Instead, they use streaming services or other online platforms. Going to the theater is now ⓒ less popular with members of younger generations. They just download movies or stream them or look for ⓓ long versions online.

⅋Words rarely 거의 ~ 하지 않는   regular 정규의   younger generation 젊은 세대

1 글의 주제로 가장 적절한 것을 고르세요.

주제 파악

① 영화 산업의 위기

② 변화된 문화 생활 양상

③ 치열해지는 방송사 경쟁

④ 다양한 시청각 서비스의 도입

2 빈칸에 들어갈 조동사로 가장 적절한 것을 고르세요.

빈칸 추론

① should　　② might　　③ could　　④ would

3 밑줄 친 ⓐ ~ ⓓ 중 의미상 어색한 것을 고르세요.

어휘 판단

① ⓐ　　② ⓑ　　③ ⓒ　　④ ⓓ

배경지식 ➕ plus

코로나19 팬데믹 이후에, 넷플릭스, 티빙, 웨이브, 쿠팡플레이, 디즈니 같은 OTT 산업이 엄청나게 발전했어요. OTT의 발전으로 글로벌 시장에 진출하는 것이 쉬워졌고 투자도 적극적으로 이루어져서 드라마와 영화계의 인력들이 OTT 제작에도 힘을 기울여 퀄리티도 좋아졌어요.

1 사람들은 예전에는 몇 개의 주요 채널에서 TV 프로그램을 시청하곤 했고, 가족들은 거실에 함께 앉아 프로그램을 보곤 했다.

  watch TV shows on a few major channels, would People used to sit together
  in the living room for the shows. and families

_____

2 사람들은 또한 특별한 외출로 영화관에 자주 가곤 했다.

  go to the movie theater People often for a special outing. also used to

_____

3 오늘날에는 상황이 많이 달라졌다.

  have changed Today, things a lot.

_____

4 사람들은 이제는 거의 정규 TV를 시청하지 않는다.

  rarely watch People regular TV anymore.

_____

5 대신에, 스트리밍 서비스나 다른 온라인 플랫폼을 이용한다.

  streaming services use Instead, or other online platforms. they

_____

6 영화관에 가는 것은 이제 젊은 세대들에게는 인기가 덜하다.

  is Going to the theater with members of younger generations. now less popular

_____

7 그들은 그냥 영화를 다운로드하거나 스트리밍하거나 인터넷에서 짧은 버전을 찾는다.

  just download They movies or stream them short versions online. or look for

_____

School Uniforms

교복

Grammar Check 문법 배우기

| have to | | 어쩔 수 없이 해야 하는 외부 요인(법, 규칙, 상황 등)에 의해 강제되는 느낌을 표현해요. |

have to	의미	예시
의무	~해야 한다	We **have to** wear a uniform at school. 우리는 학교에서 교복을 입어야 한다.
조언/추천	~해야 한다	You **have to** try this restaurant. 너 이 식당은 꼭 가 봐야 돼.

○ have to의 부정형은 don't have to(~할 필요가 없다)이고, '~하면 안 된다'라는 금지의 의미는 must not, should not 등을 써요.

ex You don't have to do that. 너는 그걸 하지 않아도 돼.

must는 개인적인 필요에 의한 의무사항을 나타내고, 좀 더 강한 느낌이 있어!
You must study for the test now!
(넌 지금 시험공부해야 돼!)

Quiz 알맞은 단어를 고르세요.

1 Young kids [have to | don't have to] go to bed early.

2 My mom [must not | doesn't have to] go to work today. It's her day off.

3 We [have to | don't have to] wear jackets because it's warm outside.

---

① 어린 아이들은 일찍 자야 한다. ② 오늘 엄마는 출근할 필요가 없다. 쉬는 날이다. ③ 밖이 따뜻해서 외투를 입을 필요가 없다.

Students in uniforms ⓐ | have to | don't have to | worry about their clothes every morning. They can save time and focus more on learning. Some people show off their wealth with expensive clothes, but students in uniforms feel equal. In addition, they can be more responsible and proud to be part of their school. They follow school rules and behave better. And think about school trips. Teachers can <u>spot</u> their students easily in a crowd! So I believe students ⓑ | can | have to | wear uniforms.

Words　student 학생　uniform 제복, 교복　focus on 집중하다　show off 뽐내다　wealth 부
equal 동등한　in addition 추가로　responsible 책임감 있는　follow 따르다　rule 규칙
school trip 수학여행　spot 발견하다　crowd 대중

1 어법상 글의 ⓐ와 ⓑ에 들어갈 말로 알맞은 것을 고르세요.
어법 판단

ⓐ have to | don't have to

ⓑ can | have to

2 글에 언급된 내용이 <u>아닌</u> 것을 고르세요.
내용 일치

① 교복은 학생들이 학업에 집중하는 데 도움이 된다.

② 교복을 입으면 의복비 지출을 크게 줄일 수 있다.

③ 교복을 입으면 학생들은 평등함을 느낄 수 있다.

④ 교복은 학생들이 책임감을 더 느끼게 해준다.

3 밑줄 친 <u>spot</u>과 바꿔 쓸 수 있는 것으로 가장 적절한 것을 고르세요.
단어 추론

① find

② call

③ teach

④ scold

배경지식 ✚ plus

교복 착용을 반대하는 학생들의 입장에는 어떤 이유가 있을까?

① 교복은 종종 여름에는 너무 덥고, 겨울에는 너무 추워 오히려 부적절한 복장이 되기 쉬워요.

② 교복이 캐주얼한 복장보다 훨씬 비쌀 수 있어요.

③ 교복은 개인주의를 억압하고 학생들의 개성을 막아요.

1 교복을 입는 학생들은 매일 아침 그들의 옷을 걱정할 필요가 없다.

don't have to worry | Students in uniforms | every morning. | about their clothes

_____

2 그들은 시간을 아낄 수 있고, 학업에 더 집중할 수 있다.

on learning. | They | and focus more | can save time

_____

3 몇몇 사람들은 비싼 옷으로 그들의 부를 자랑하지만, 교복을 입는 학생들은 동등함을 느낀다.

show off their wealth | Some people | feel equal. | with expensive clothes, | but students in uniforms

_____

4 추가로, 그들은 더 많은 책임감을 가질 수 있고, 그들의 학교의 일원임에 자부심을 가질 수 있다.

can be more responsible | In addition, | they | be part of their school. | and proud to

_____

5 그들은 학교 규칙을 따르고 더 잘 행동한다.

and behave | follow school rules | They | better.

_____

6 그리고 수학여행을 생각해 봐라. 선생님들은 군중 속에서 그들의 학생들을 쉽게 발견할 수 있다!

Teachers | And | think about | easily in a crowd! | school trips. | can spot | their students

_____

7 그래서 나는 학생들이 교복을 입어야 한다고 믿는다.

believe | So I | students | uniforms. | have to wear

_____

Birthday Gifts

생일 선물

Grammar Check 문법 배우기

| had better | 반드시 따랐으면 하는 조언을 하거나 경고를 할 때 사용해요. |

의미	예시
had better ~하는 편이 낫다	She had better see a doctor. 그녀는 병원에 가 보는 게 좋겠다.
had better not ~하지 않는 것이 낫다	You had better not oversleep again. 너 또 늦잠 자지 않는 게 좋을 거야.

○ 비슷한 표현으로는 would rather A than B(B하느니, 차라리 A하겠다)도 있어요.
ex I would rather walk than take a bus. 나는 버스를 타느니, 차라리 걸을 거야.

You'd better ~, She'd better ~
처럼 축약형으로도 많이 써.

Quiz 알맞은 단어를 고르세요.

1 We [had better | had better not] talk during the movie.

2 Children [had better | had better not] eat too much candy.

3 You [had better | had better not] hurry. It's already 3:00.

① 영화 보는 중에는 이야기를 하지 않는 것이 좋겠어. ② 아이들은 사탕을 너무 많이 먹지 않는 것이 낫다. ③ 너 서두르는 게 좋겠다. 벌써 세 시 정각이다.

What Do You Want for Your Birthday?

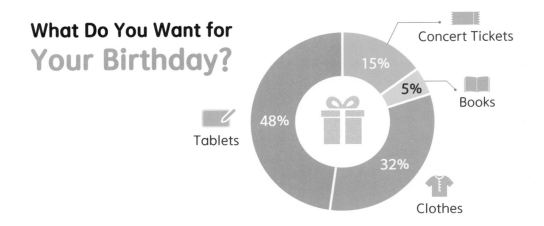

The chart shows popular birthday gifts among teenagers. Parents ⓐ | shouldn't | had better | think about giving a tablet as a gift. Almost half of the respondents want tablets for their birthdays. Clothes are also popular gifts for them. Not many students are interested in concerts. Only 15 percent of the students want concert tickets. You ⓑ | should | had better not | give books to them. Sadly, only a few teenagers expect books on their birthdays. But it's just a survey based on a small group. _____

_____

Words birthday gift 생일 선물   teenager 십 대   tablet 태블릿   respondent 응답자
concert 콘서트   ticket 티켓   sadly 슬프게도   survey (설문) 조사

1 어법상 글의 ⓐ와 ⓑ에 들어갈 말로 알맞은 것을 고르세요.
어법 판단

ⓐ shouldn't | had better

ⓑ should | had better not

2 다음 설명에 해당하는 단어를 찾아 써 보세요.
단어 추론

These people answer or give responses to questions.

3 글의 마지막에 이어질 문장으로 가장 적절한 것을 고르세요.
문맥 추론

① Book a concert ticket right now!

② Your children may still want books!

③ Visit an electronics store and buy a tablet!

④ Your children may not want to have a party!

 plus

왜 생일에 케이크를 먹을까요?
달의 여신 아르테미스는 출산을 돌보며 다산과 번영을 주관하는 여신이기도 했는데요. 고대 그리스에서 이 여신에게 아이를 지켜 달라고 케이크를 제물로 바쳤다고 해요. 그래서 생일 케이크 문화가 생겨난 거죠. 하필 케이크였던 이유는 고대에 케이크는 빵과 달리 밀과 꿀, 과일 등 좋은 재료로 만들었기 때문에 특별한 날에 먹는 고급 음식이었기 때문이에요.

1 이 도표는 십 대들 사이에서 인기 있는 생일 선물을 보여준다.

shows | among teenagers. | popular birthday gifts | The chart

---

2 부모님들은 선물로 태블릿을 줄 생각을 하는 것이 좋겠다.

as a gift. | Parents | think about | had better | giving a tablet

---

3 거의 절반에 가까운 응답자가 그들의 생일에 태블릿을 원한다.

want | Almost half of the respondents | for their birthdays. | tablets

---

4 옷 역시 그들에게 인기 있는 선물이다. 콘서트에 관심이 있는 학생들은 많지 않다.

for them. | Clothes | Not many students | are also popular gifts | in concerts.

are interested

---

5 오직 15퍼센트의 학생들만 콘서트 티켓을 원한다. 너는 그들에게 책을 주지 않는 것이 낫다.

want | not | Only 15 percent of the students | You | concert tickets. | to them.

had better | give books

---

6 슬프게도, 오직 소수의 십 대들만 그들의 생일에 책을 기대한다.

expect | Sadly, | books | on their birthdays. | only a few teenagers

---

7 그러나 이것은 소규모 집단을 기반으로 한 조사일 뿐이다.

it's just | But | based on a small group. | a survey

---

1 알맞은 것에 동그라미하고 빈칸을 채우세요.

① be able to는 (can / must) 처럼 '~할 수 있다'라는 의미예요.

> I _____ swim so fast. 나는 수영을 정말 빨리 할 수 있었어.

> _____ Jenny _____ come to the party?
> 제니는 파티에 올 수 있니?

> He _____ speak English better. 그는 영어를 더 잘 할 수 있을 거야.

② (~하곤 한다 / ~하곤 했었다) 라는 의미로 과거의 습관적인 행동이나 상태를 말할 때
used to와 would를 사용해요.

> I (used to / would) be very shy.
> 나는 예전에는 수줍음이 아주 많았다.

> Every summer, we (went / would go) camping.
> 매년 여름, 우리는 캠핑을 가곤 했다.

③ 어쩔 수 없이 해야 하는 외부 요인(법, 규칙, 상황 등)에 의해 강제되는 느낌을 표현하거
나 어떤 것을 강력하게 추천할 때는 (have to / may) 를 써요.

> We _____ wear a uniform at school. 우리는 학교에서 교복을 입어야 한다.

> You _____ try this restaurant. 너 이 식당은 꼭 가 봐야 돼.

④ 반드시 따랐으면 하는 조언을 하거나 경고를 할 때 (had better / would) 를 써요.

> She _____ see a doctor. 그녀는 병원에 가 보는 게 좋겠다.

> You _____ oversleep again. 너 또 늦잠 자지 않는 게 좋을 거야.

2   문장에서 <u>틀린</u> 부분을 찾아 표시하고, 바르게 고쳐 쓰세요.

① People used to watches TV shows on a few major channels.
사람들은 예전에는 몇 개의 주요 채널에서 TV 프로그램을 시청하곤 했다.

_____

② They are able save time and focus more on learning.
그들은 시간을 아낄 수 있고 학업에 더 집중할 수 있다.

_____

③ Parents have better think about giving a tablet as a gift.
부모님들은 선물로 태블릿을 줄 생각을 하는 것이 좋겠다.

_____

④ You had better give books to them.
너는 그들에게 책을 주지 않는 것이 낫다.

_____

3   우리말 뜻에 알맞은 단어를 고르세요.

① 중요한	☐ lonely	☐ significant	☐ male
② 부	☐ wealth	☐ respondent	☐ rule
③ 발견하다	☐ spot	☐ equal	☐ role
④ 뽐내다	☐ show off	☐ appear	☐ perform
⑤ (설문) 조사	☐ survey	☐ teenager	☐ in addition
⑥ 제복, 교복	☐ stage	☐ uniform	☐ crowd

4 빈칸에 알맞은 단어를 넣어 퍼즐을 완성해 보세요.

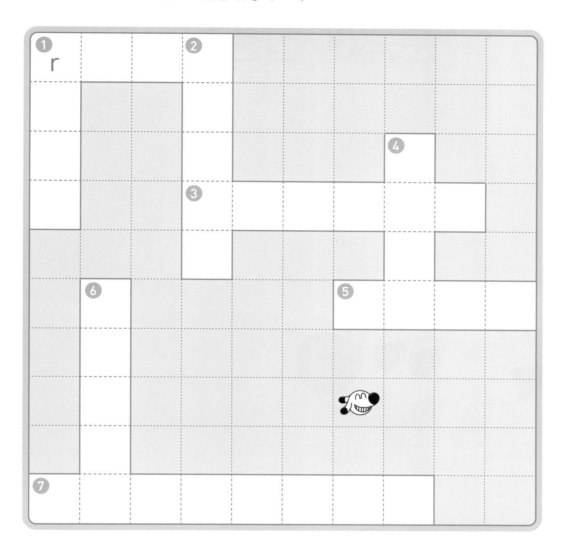

→ Across 가로

찾은 단어를
한 번 더 쓰세요!

1 역할 ⇒ _____

3 등장하다 ⇒ _____

5 깊은 ⇒ _____

7 십 대 ⇒ _____

↓ Down 세로

1 규칙 ⇒ _____

2 동등한 ⇒ _____

4 남성의 ⇒ _____

6 무대 ⇒ _____

PART 4

문형에 집중해서 읽기

문장에서 형태를 정확하게 보는 것도 중요해요. **문형으로도 말하는 의도를 확인**할 수 있으니까요!

Unit 13 **Earthquakes**
지진   명령문

Unit 14 **Sleep**
수면   감탄문

Unit 15 **Upcycling**
업사이클링   청유문

Unit 16 **History Education**
역사 교육   부가의문문

Earthquakes

지진

Grammar Check 문법 배우기

명령문	상대방에게 '~해라' 하고 명령(지시)하는 문장으로, 주어(you)를 생략하고 동사원형으로 시작해요.

종류		구조	예시
긍정 명령문	be동사	Be + 형용사 ~해	**Be quiet.** 조용히 해.
	일반동사	동사원형 ~ ~해	**Sit down.** 앉아.
부정 명령문	be동사	Don't be + 형용사 ~하지 마	**Don't be shy.** 부끄러워하지 마.
	일반동사	Don't + 동사원형 ~ ~하지 마	**Don't stand up.** 일어서지 마.

○ 명령문에 please를 붙이면 공손한 느낌을 줘요.
ex Turn off your phone, please.
핸드폰을 꺼 주세요.

'(Don't) Be a/an +명사' 형태도 자주 쓰여. '~이 돼
(되지 마)'라는 의미야.
Be an honest person!(정직한 사람이 돼!),
Don't be a liar. (거짓말쟁이가 되지 마.)

Quiz 빈칸에 들어갈 알맞은 단어와 연결하세요.

1 _____ honest to your parents.   ·   · ⓐ Don't

2 _____ make any noise during class. ·   · ⓑ Be

3 _____ some salt to the soup.   ·   · ⓒ Add

① 부모님께 솔직해라. ② 수업 도중에 떠들지 마. ③ 수프에 소금을 좀 넣어.

Sadly, Korea is not 100% safe from earthquakes anymore. However, we can protect ⓐ <u>ourselves</u> by remembering a few important things.

First, don't panic or ⓑ <u>running</u>. Drop to the ground and ⓒ <u>cover</u> your head. Hold onto something ⓓ <u>strong</u> like a table or desk. Stay away from windows and heavy furniture. Broken glass and falling objects could hurt you. If you're outside, find an open area away from buildings, trees, and power lines. Stay low to the ground. Listen carefully to emergency broadcasts and follow their instructions. Stay safe!

Words　earthquake 지진　panic 당황하다　furniture 가구　broken 부서진　object 물건
power line 전선　emergency broadcast 긴급 방송　instruction 지시

Comprehension Check 문제 풀기

1 글의 주제로 가장 적절한 것을 고르세요.

주제 찾기

① 지진이 발생하는 원인

② 안전한 지진 대피 장소

③ 지진 발생 시 행동 요령

④ 지진이 자주 발생하는 국가

2 밑줄 친 ⓐ ~ ⓓ 중 어법상 옳지 <u>않은</u> 것을 고르세요.

어법 판단

① ⓐ　　　② ⓑ　　　③ ⓒ　　　④ ⓓ

3 다음 질문에 대한 답을 본문에서 찾아 써 보세요.

내용 추론

> Q. Why is it dangerous near windows and large furniture?

_____

배경지식➕ plus

우리나라는 '지진대'라고 불리는 지역에 위치하지 않았지만, 우리나라 근처에도 지진을 일으킬 수 있는 여러 지질학적 요소들이 있어요. 주로 일본 해구와 같은 판 경계 지역에서 발생한 지진이 우리나라에도 영향을 미쳐요. 예를 들어 일본에서 지진이 발생하면 그 여파로 우리나라까지 지진파가 전파된대요.

1 슬프게도, 한국은 더 이상 지진으로부터 100% 안전하지 않다.

[100% safe] [is not] [Sadly,] [from earthquakes anymore.] [Korea]

_____

2 하지만 몇 가지 중요한 사항을 기억하면 스스로를 보호할 수 있다.

[we] [However,] [a few important things.] [ourselves] [by remembering] [can protect]

_____

3 첫째, 당황하거나 뛰지 마라. 바닥에 엎드려 머리를 감싸라.

[panic or run.] [your head.] [First,] [Drop] [don't] [to the ground] [and cover]

_____

4 테이블이나 책상처럼 튼튼한 것을 잡아라. 창문과 무거운 가구에서 멀리 떨어져라.

[like a table or desk.] [something strong] [Hold onto] [and heavy furniture.] [Stay away] [from windows]

_____

5 깨진 유리와 떨어지는 물건이 너를 다치게 할 수 있다.

[Broken glass] [could hurt] [you.] [and falling objects]

_____

6 만약 밖에 있다면 건물, 나무, 전선에서 떨어진 공터를 찾아봐라.

[find] [If] [away from buildings, trees,] [you're] [and power lines.] [an open area] [outside,]

_____

7 바닥에 낮게 유지해라. 긴급 방송을 주의 깊게 들으면서 지시를 따라라. 안전하게 지내라!

[low] [to the ground.] [Listen] [safe!] [carefully] [and follow their instructions.] [to emergency broadcasts] [Stay] [Stay]

_____

Grammar Check 문법 배우기

감탄문	놀람, 기쁨, 고통, 희망 등의 강한 감정을 나타내는 문장

종류	구조	예시
How 감탄문	How + 형/부 + (주어 + 동사)!	How cute it is! 얼마나 귀여운지!
What 감탄문	What + (a/an) + 형 + 명 + (주어 + 동사)!	What a beautiful day! 정말 아름다운 날이야!

o 주어와 동사는 생략도 가능해요!

Quiz 알맞은 단어를 고르세요.

1 How | What a fast runner you are!

2 How quick | quickly he finished his homework!

3 How | What beautiful the view was!

① 너 정말 달리기를 잘하는구나! ② 그가 숙제를 얼마나 빨리 끝내던지! ③ 경치가 얼마나 아름답던지!

Sleep acts like a battery charger for people. After a sound sleep, our bodies and brains can function properly. Children, in particular, should sleep before 10:00 p.m.

According to recent research, a lack of sleep can even affect our appearance over time. It can lead to thinner hair, more wrinkles, and a bent neck. The researchers even created an image of a woman based on <u>these changes</u>. Guess what? She looks just like Gollum from *The Lord of the Rings*! _____!

Words charger 충전기   sound sleep 숙면   appearance 외모   wrinkle 주름   bent 굽은
neck 목   based on ~을 바탕으로   Guess what? 그거 알아?   terrifying 끔찍한

Comprehension Check 문제 풀기

1 글에 언급된 내용이 <u>아닌</u> 것을 고르세요.

[내용 파악]

① 숙면 후에 신체 기능이 잘 된다.

② 아이들은 밤 10시 전에 자야 한다.

③ 수면 부족이 외모에 영향을 끼칠 수 있다.

④ 수면 부족으로 체중이 증가할 수 있다.

2 밑줄 친 these changes가 가리키는 내용을 본문에서 찾아 쓰세요.

[내용 파악]

_____

3 주어진 단어를 활용하여 빈칸에 들어갈 문장을 완성해 보세요.

[어법 판단]

> is / How / it / terrifying

_____ !

 plus

초등학생의 수면 시간은 9~11시간이 적절해요. 초등학생은 성인보다 적정 수면 시간이 많은 편이에요. 성장기이기도 하고 학업 능력 향상을 위해서도 질 좋은 수면이 필수이기 때문이죠.

1 잠은 사람들에게 배터리 충전기 같이 작용한다.

(like a battery charger) (acts) (for people.) (Sleep)

_____

2 숙면 후에, 우리 몸과 뇌는 제대로 기능할 수 있다.

(a sound sleep,) (can) (After) (properly.) (our bodies and brains) (function)

_____

3 특히 아이들은 밤 10시 전에 자야 한다.

(in particular,) (Children,) (should) (before 10:00 p.m.) (sleep)

_____

4 최근 연구에 따르면, 수면 부족은 시간이 지남에 따라 우리의 외모에도 영향을 미칠 수 있다.

(recent research,) (According to) (can) (a lack of sleep) (our appearance) (even affect)
(over time.)

_____

5 그것은 더 얇은 머리카락, 더 많은 주름, 그리고 굽은 목을 초래할 수 있다.

(thinner hair,) (can) (It) (lead to) (and a bent neck.) (more wrinkles,)

_____

6 연구자들은 이러한 변화를 바탕으로 여성의 이미지까지 만들었다.

(an image) (The researchers) (even created) (of a woman) (based on these changes.)

_____

7 그거 알아? 그녀는 <반지의 제왕>에 나오는 골룸처럼 생겼다.

(Guess what?) (She) (from _The Lord of the Rings_!) (looks just like Gollum)

_____

Grammar Check 문법 배우기

청유문	함께 어떤 행동을 하자고 권유하거나 제안하는 문장

구조	예시
Let's + 동사원형 ~ ~하자	Let's play soccer. 축구하자.
Let's not + 동사원형 ~ ~하지 말자	Let's not play soccer. 축구하지 말자.
Why don't we + 동사원형 ~? 우리 ~하는 게 어때?	Why don't we eat out? 우리 외식하는 게 어때?

Quiz 빈칸에 들어갈 알맞은 단어과 연결하세요.

1 Let't _____ fight.   ·   · a let's

2 Why don't _____ bake cookies together? ·   · b we

3 After school, _____ play soccer.   ·   · c not

① 우리 싸우지 말자. ② 우리 같이 쿠키 굽는 게 어때? ③ 방과 후에 축구하자.

Through upcycling, _____ can reduce waste and give new life to our old belongings. For example, you can turn your old pants into a cute bag or make cool vases from old bottles. Instead of throwing things away, why don't _____ reuse them in creative ways and make new items? ⓐ We can even create art. ⓑ You'll be amazed! ⓒ Let's find something old or broken and upcycle it this weekend. ⓓ What a fantastic weekend plan it is!

Words   reduce 줄이다   waste 쓰레기   belonging 소지품   creative 창의적인   mosaic 모자이크
sculpture 조각품   amazed 놀라운

1 빈칸에 공통으로 들어갈 단어를 쓰세요.
[빈칸 추론]

_____

2 다음 문장이 들어갈 곳으로 가장 적절한 곳을 고르세요.
[내용 파악]

Look up bottle cap mosaics or tin can sculptures.

① ⓐ   ② ⓑ   ③ ⓒ   ④ ⓓ

3 다음 중 업사이클링을 실천하고 있는 사람을 고르세요.
[내용 추론]

① Teo   : I don't use plastic bags.
② Luna   : I made this wallet with my old jeans.
③ Marco   : I practice drawing on old newspapers.
④ Emily   : My clothes are usually from my older sister.

 plus

업사이클링(Upcycling)
업사이클링(Upcycling)은 업그레이드(Upgrade)와 리사이클(Recycling)의 합성어로, 리사이클링에서 한 단계 더 나아간 재활용 방법이에요. 다 쓴 물건을 단순히 재활용하는 것을 넘어, 디자인과 새로운 활용도를 더해 전혀 다른 제품으로 재탄생시키는 것을 의미해요. 업사이클링을 통해 우리는 제품의 가치를 높이고 환경 보호에 기여할 수 있어요.

1 업사이클링을 통해, 우리는 쓰레기를 줄이고 오래된 소지품에 새로운 생명을 줄 수 있다.

can | Through upcycling, | reduce | new life | we | and give | to our old belongings.

waste

_____

2 예를 들어, 너는 네 낡은 바지를 귀여운 가방으로 바꾸거나 오래된 병으로 멋진 꽃병을 만들 수 있다.

can | For example, | turn | into a cute bag | your old pants | from old bottles.

or make cool vases | you

_____

3 물건을 버리는 대신, 그것들을 창의적인 방법으로 재사용하고 새로운 물건을 만드는 건 어떨까?

and make | them | Instead of | new items? | throwing things away, | why don't we

reuse | in creative ways

_____

4 우리는 예술을 창조할 수도 있다.

even create | We | art. | can

_____

5 병뚜껑 모자이크나 캔 조각품을 찾아봐라. 너는 놀랄 것이다!

or tin can sculptures. | You'll | Look up | bottle cap mosaics | be amazed!

_____

6 이번 주말에 오래되거나 부서진 물건을 찾아 업사이클링을 해 보자.

and upcycle | something old or broken | Let's | this weekend. | find | it

_____

7 얼마나 멋진 주말 계획인가!

weekend plan | a | What | is! | fantastic | it

_____

History Education

역사 교육

Grammar Check 문법 배우기

부가의문문	평서문이나 명령문 뒤에 붙은 의문문으로, 상대에게 동의나 확인을 받기 위해 써요.

종류	구조	예시
be동사일 경우	be동사 긍정문, be동사 + not + 주어?	**You are late, aren't you?** 너는 늦었어. 그렇지 않니?
	be동사 부정문, be동사 + 주어?	**She isn't Tom's sister, is she?** 그녀는 톰의 여동생이 아니야. 그렇지?
일반동사일 경우	일반동사 긍정문, don't/doesn't/didn't + 주어?	**She enjoys drawing, doesn't she?** 그녀는 그림 그리는 걸 좋아해. 그렇지 않니?
	일반동사 부정문, do/does/did + 주어?	**They don't live in Seoul, do they?** 그들은 서울에 살지 않아. 그렇지?

○ 앞 문장이 긍정문이면 부정의 부가의문문을 붙이고, 앞 문장이 부정문이면 긍정의 부가의문문을 붙여요.
○ 부가의문문의 대답은 '긍정'은 Yes, '부정'은 No예요.
  ex You don't like milk, do you? 너 우유 안 좋아하지, 그렇지?
    - Yes, I do. (우유를 좋아할 때의 대답)
    - No, I don't. (우유를 좋아하지 않을 때의 대답)

주어가 I인 긍정문일 때는 aren't I?를 붙여서 부가의문문을 만들어.
I'm the best player, aren't I?
내가 최고의 선수지, 그렇지 않니?

Quiz 빈칸에 들어갈 단어를 써 보세요.

① Mr. Brown doesn't have a dog, _____ he?

② She's your English teacher, _____ she?

③ You didn't call me last night, _____ you?

---

① 브라운 씨는 개를 안 키우지, 그렇지? ② 그녀는 네 영어 선생님이지, 그렇지 않니? ③ 너 어젯밤에 전화 안 했지, 그렇지?

History helps us learn about our ancestors and people in the past, a ⃝ isn't | doesn't it? Some people fought for their rights, and others made important changes for their countries. We can learn great values and lessons from their stories. _____, some people made bad decisions or treated others unfairly. History helps us think critically and do better in the future.

History education isn't just about memorizing dates and events, b ⃝ is | does it? By studying the past, we can make better decisions in the present and the future.

Words   history 역사   ancestor 조상   past 과거   value 가치   lesson 교훈   treat 대우하다
unfairly 불공평하게   critically 비판적으로   present 현재

1 글의 주제로 가장 알맞은 것을 고르세요.
주제 파악

① 역사 교육의 필요성

② 초등 역사 교육의 실태

③ 역사를 어려워하는 이유

④ 잘못 알려진 역사적 사실

2 어법상 글의 ⓐ와 ⓑ에 들어갈 말로 알맞은 것을 고르세요.
어법 판단

ⓐ ┃ isn't ┃ doesn't ┃

ⓑ ┃ is ┃ does ┃

3 빈칸에 들어갈 말로 가장 적절한 것을 고르세요.
빈칸 추론

① Therefore

② In addition

③ In other words

④ On the other hand

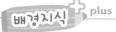 plus

역사와 관련된 명언

· History repeats itself. 역사는 반복된다.

· History is a story told by the victors. 역사는 승자들이 들려주는 이야기다.

· History will judge us. 역사는 우리를 평가할 것이다.

· History is the key to understanding the present. 역사는 현재를 이해하는 열쇠이다.

· History is a great teacher. 역사는 위대한 선생님이다.

1 역사는 우리가 우리 조상들과 과거의 사람들에 대해 알게 돕는다. 그렇지 않니?

[us] [History] [and people] [helps] [about our ancestors] [learn] [in the past,] [it?]
[doesn't]

---

2 어떤 사람들은 그들의 권리를 위해 싸웠고, 다른 사람들은 그들의 나라를 위해 중요한 변화를 만들었다.

[fought for] [Some people] [for their countries.] [made] [and others] [their rights,]
[important changes]

---

3 우리는 그들의 이야기에서 훌륭한 가치와 교훈을 배울 수 있다.

[learn] [We] [from their stories.] [great values] [can] [and lessons]

---

4 반면, 어떤 사람들은 나쁜 결정을 내렸거나 다른 사람들을 불공평하게 대우했다.

[others] [some people] [made] [bad decisions] [On the other hand,] [unfairly.] [or treated]

---

5 역사는 우리가 비판적으로 생각하고 미래에 잘할 수 있게 도와준다.

[think] [History] [us] [in the future.] [helps] [and do] [critically] [better]

---

6 역사 교육은 단순히 날짜와 사건을 외우는 것이 아니다. 그렇지?

[just about memorizing] [dates and events,] [isn't] [History education] [it?] [is]

---

7 과거를 공부함으로써 우리는 현재와 미래에 더 나은 결정을 내릴 수 있다.

[we] [better decisions] [By studying the past,] [in the present and the future.] [can make]

1 알맞은 것에 동그라미하고 빈칸을 채우세요.

① 명령문은 '(Be / 동사원형) + 형용사'와 '(Be / 동사원형)'이 있어요.

be동사	일반동사
_____ quiet. 조용히 해.	_____ down. 앉아.
_____ shy. 부끄러워하지 마.	_____ up. 일어서지 마.

② 감탄문은 '(How / What) + 형/부 (+ 주어 + 동사)!'와 '(How / What) + a/an + 형 + 명 + (주어 + 동사)!'가 있어요.

How 감탄문	What 감탄문
_____ cute it is! 얼마나 귀여운지!	_____ a beautiful day! 정말 아름다운 날이야!

③ 청유문은 '(Let's / Why don't you) + 동사원형'과 '(Let's / Why don't we) + 동사원형 ~?'을 써요.

_____ play soccer. 축구하자.
_____ play soccer. 축구하지 말자.
_____ eat out? 우리 외식하는 게 어때?

④ 앞 문장이 긍정문이면 (긍정 / 부정)의 부가의문문을 붙이고, 앞 문장이 부정문이면 (긍정 / 부정)의 부가의문문을 붙여요.

be동사	일반동사
You are late, _____? 너는 늦었어, 그렇지 않니?	She enjoys drawing, _____? 그녀는 그림 그리는 걸 좋아해, 그렇지 않니?
She isn't Tom's sister, _____? 그녀는 톰의 여동생이 아니야, 그렇지?	They don't live in Seoul, _____? 그들은 서울에 살지 않아, 그렇지?

2 문장에서 <u>틀린</u> 부분을 찾아 표시하고, 바르게 고쳐 쓰세요.

① Doesn't panic or run.
당황하거나 뛰지 마.

_____

② Stays low to the ground.
바닥에 낮게 유지해.

_____

③ How terrifying is it!
얼마나 끔찍한지!

_____

④ What fantastic weekend plan it is!
얼마나 멋진 주말 계획인가!

_____

3 우리말 뜻에 알맞은 단어를 고르세요.

① 조상 → ☐ earthquake ☐ ancestor ☐ appearance

② 소지품 → ☐ belonging ☐ sculpture ☐ charger

③ 주름 → ☐ value ☐ furniture ☐ wrinkle

④ 비판적으로 → ☐ critically ☐ based on ☐ unfairly

⑤ 끔찍한 → ☐ amazed ☐ panic ☐ terrifying

⑥ 교훈 → ☐ lesson ☐ bent ☐ strong

4 빈칸에 알맞은 단어를 넣어 퍼즐을 완성해 보세요.

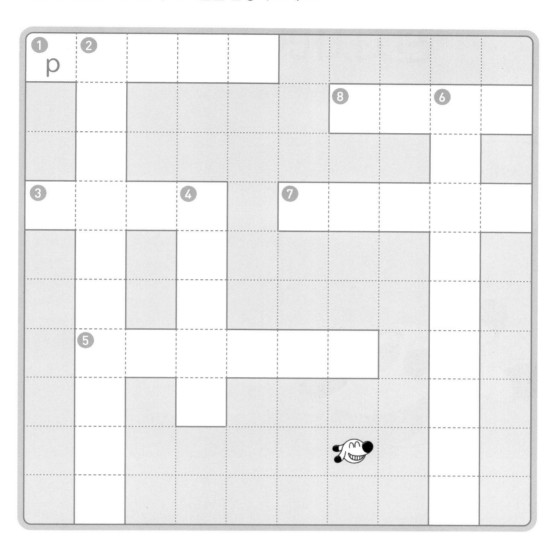

찾은 단어를
한 번 더 쓰세요!

→ **Across 가로**

① 당황하다 ⇒
③ 굽은 ⇒
⑤ 놀라운 ⇒
⑦ 가치 ⇒
⑧ 과거 ⇒

↓ **Down 세로**

② 외모 ⇒
④ 대우하다 ⇒
⑥ 조각품 ⇒

PART 5

전치사에 집중해서 읽기

지문에서 전치사를 정확하게 보는 것도 중요해요. 세부 내용을 확인할 때 시간이나 장소를 확인해야 하니까요!
전치사를 따라가면, 시간과 장소에 대한 정보를 바로 찾게 될 거예요.

Unit 17 **A Sports Festival**
스포츠 축제
시간 전치사 at, on, in

Unit 18 **Christmas in the South**
남쪽의 크리스마스
장소 전치사 at, on, in

Unit 19 **A Campus Tour**
대학교 투어
시간 전치사 for, during

Unit 20 **Digital Detox**
디지털 디톡스
시간 전치사 until, by

Unit 17 A Sports Festival

스포츠 축제

Grammar Check 문법 배우기

| 전치사 | 명사나 대명사 앞에 위치해 시간, 장소, 위치, 방향 등을 나타내요. |

시간 전치사	시간	예시
at	시각	at 2:00 a.m. 새벽 2시에
	하루의 시점	at night 밤에
	구체적 시점	at the end of the year 연말에
on	날짜	on June 25th 6월 25일에
	요일	on Friday 금요일에
	구체적 날/행사	on Christmas 크리스마스에
in	월	in June 6월에
	계절	in winter 겨울에
	연도	in 2025 2025년에
	하루의 일정 기간	in the morning 아침에

- at과 in의 가장 두드러진 차이점은 at은 시점을 나타내고, in은 시간의 범위를 나타내요.
  (in → on → at 순으로 조금씩 좁아져요.)
- last(지난), this(이번), next(다음)와 함께 쓰일 때는 전치사를 쓰지 않아요.
  ex last Friday 지난주 금요일에   this afternoon 오늘 오후에   next summer 내년 여름에

Quiz 알맞은 단어를 고르세요.

1 There'll be a fun festival at | on May 2nd.

2 Don't call your friends late in | at night.

3 The Olympics took place in South Korea on | in 1988 and 2018.

① 5월 2일에 재미있는 축제가 있을 것이다. ② 밤늦게 친구에게 전화하지 마라. ③ 1988년과 2018년에 한국에서 올림픽이 개최되었다.

Explore Olympic sports and beat the heat! Come to the Olympic Sports Festival and try out various exciting sports. Join us in different activities in the indoor arenas. Activities include badminton, archery, wrestling, fencing, and more! You can participate in fun games and meet athletes in person! Don't miss out on this fun night ⓐ on | in July! Be there on Saturday ⓑ at | on 7:00 p.m. for an unforgettable night of sports! Mark July 26th on your calendar now. Visit our website and secure your tickets in advance.

Words   explore 탐험하다   beat the heat 더위를 피하다   various 다양한   indoor arena 실내 경기장
archery 양궁   wrestling 레슬링   athlete 선수   unforgettable 잊을 수 없는   mark 표시하다
secure 확보하다   in advance 미리

Comprehension Check 문제 풀기

1 제목으로 가장 적절한 것을 고르세요.
제목 찾기

① A Night of Olympic Sports
② The Olympics from A to Z
③ Be Stress-Free with Sports
④ Sports for Everyone

2 축제 안내문의 내용과 일치하지 <u>않는</u> 것을 고르세요.
내용 확인

① 7월 말에 하는 야간 실내 행사이다.
② 올림픽 종목을 경험할 수 있다.
③ 선수들을 직접 만날 수 있다.
④ 티켓은 현장에서만 판매한다.

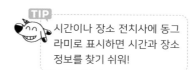
TIP
시간이나 장소 전치사에 동그라미로 표시하면 시간과 장소 정보를 찾기 쉬워!

3 글의 ⓐ와 ⓑ에 들어갈 말로 알맞은 것을 고르세요.
어법 판단

ⓐ on | in

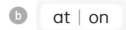
ⓑ at | on

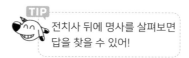
TIP
전치사 뒤에 명사를 살펴보면 답을 찾을 수 있어!

배경지식 plus

올림픽은 전 세계 각 대륙 각국에서 모인 수천 명의 선수가 참가해 여름과 겨울에 스포츠 경기를 하는 국제적인 대회예요. 올림픽은 2년마다 하계 올림픽과 동계 올림픽이 번갈아 열리고 있어요.

1 올림픽 스포츠를 탐험하고 더위를 피해라!

Olympic sports | Explore | the heat! | and beat

_____

2 올림픽 스포츠 축제에 와서 다양한 재미있는 스포츠를 체험해라.

and try out | Come to | various exciting sports. | the Olympic Sports Festival

_____

3 실내 경기장에서 다양한 활동을 우리와 함께하자.

in different activities | Join us | in the indoor arenas.

_____

4 활동에는 배드민턴, 양궁, 레슬링, 펜싱 등이 있다!

include | badminton, archery, wrestling, | Activities | fencing, and more!

_____

5 너는 재미있는 경기에 참여할 수 있고, 선수들을 직접 만날 수도 있다!

participate in | You | in person! | fun games | can | and meet athletes

_____

6 7월의 이 재미있는 밤을 놓치지 말아라! 토요일 저녁 7시에 와서 잊지 못할 스포츠의 밤을 즐겨라!

on Saturday | miss out on | in July! | Don't | at 7:00 p.m. | this fun night | Be there
of sports! | for an unforgettable night

_____

7 지금 7월 26일을 네 달력에 표시해라. 우리 웹사이트를 방문해서 미리 네 티켓을 확보해라.

on your calendar now. | Visit our website | Mark | in advance. | and secure your tickets
July 26th

_____

Christmas in the South

남쪽의 크리스마스

Grammar Check 문법 배우기

전치사		명사나 대명사 앞에 위치해 시간, 장소, 위치, 방향 등을 나타내요.

장소 전치사	장소	예시
at	주소	at 783 Oxford Street 옥스퍼드가 783번지에
	특정 위치	at school 학교에
on	길 이름	on Oxford Street 옥스퍼드가에
	특정 위치(접촉)	on a roof 지붕 위에
in	나라	in Canada 캐나다에서
	도시	in Seoul 서울에서
	동네	in Chinatown 차이나타운에서

○ at과 in의 가장 큰 차이점은 at은 보통 특정 장소를 지칭하는데, 꼭 그 안에 있지 않아도 돼요. 반면 in은 경계가 있는 어떤 공간 안에 있음을 나타내요.

at the restaurant(식당 안, 밖, 또는 주변에 있을 때)
vs. in the restaurant(식당 안에 있을 때)

Quiz 알맞은 단어를 고르세요.

① The toy shop is [at | on] 779 Oak Street.

② What is that new building [in | on] Oak Street?

③ The students are spending Christmas [in | at] Australia.

① 그 장난감 가게는 오크가 779번지에 있다. ② 오크가에 있는 저 새 건물은 뭐지? ③ 학생들은 호주에서 크리스마스를 보내는 중이다.

Countries on opposite sides of the equator have opposite seasons. In Australia, <u>people</u> enjoy Christmas in the middle of summer. Do you think Santa wears warm red clothes and a fur hat? Not always! Australians often describe Santa with sunglasses, shorts, and sometimes even ⓐ [on | in] a surfboard! It looks more relaxed and summer friendly. It's not strange at all to have a Christmas party ⓑ [at | on] the pool. Depending on the environment, people can enjoy the same festival in different ways. _____

_____

Words   opposite 반대의   equator 적도   shorts 반바지   relaxed 느긋한   strange 이상한
depending on ~에 따라   environment 환경

1 밑줄 친 <u>people</u>이 가리키는 것을 써 보세요.
(지칭 추론)

_____

2 글의 ⓐ와 ⓑ에 들어갈 말로 알맞은 것을 고르세요.
(어법 판단)

ⓐ ｜ on ｜ in

ⓑ ｜ at ｜ on

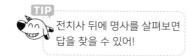
TIP
전치사 뒤에 명사를 살펴보면
답을 찾을 수 있어!

3 글의 마지막 빈칸에 들어갈 말로 가장 적절한 것을 고르세요.
(빈칸 추론)

① Make a wish to Santa!

② Variety is the spice of life!

③ Have a good plan for Christmas!

④ Experience is the teacher of all things!

plus

남반구의 크리스마스

호주, 뉴질랜드, 남아프리카 등 남반구 국가에서는 크리스마스가 여름입니다. 그래서 이곳에서는 서핑 산타, 바비큐 모임, 해변 파티
가 크리스마스 전통의 일부입니다. 그리고 흔히 연상되는 칠면조나 따뜻한 크리스마스 푸딩 대신 해산물 요리와 신선한 여름 과일이
크리스마스 음식입니다. 남반구의 여름 크리스마스에는 독특한 여유로움과 즐거움이 있어요.

1 적도 반대편에 있는 나라들은 계절이 반대이다.

Countries | of the equator | on opposite sides | opposite seasons. | have

_____

2 호주에서는 사람들은 한여름에 크리스마스를 즐긴다.

Christmas | people | In Australia, | in the middle of summer. | enjoy

_____

3 너는 산타가 따뜻한 빨간 옷을 입고 털모자를 쓰고 있다고 생각하니? 항상 그렇지는 않아!

Not always! | and a fur hat? | Do you | Santa wears | think | warm red clothes

_____

4 호주 사람들은 종종 산타를 선글라스에 반바지, 때로는 심지어 서핑 보드를 탄 모습으로 묘사한다!

often | describe | Santa with sunglasses, shorts, | even on a surfboard! | Australians | and sometimes

_____

5 이것은 더 느긋하고 여름 친화적으로 보인다.

and summer friendly. | It | more relaxed | looks

_____

6 수영장에서 크리스마스 파티를 여는 것은 전혀 이상하지 않다.

to have a Christmas party | It's | at the pool. | not | strange at all

_____

7 환경에 따라, 사람들은 같은 축제를 다른 방식으로 즐길 수 있다.

the environment, | can | Depending on | enjoy | people | in different ways. | the same festival

_____

A Campus Tour

Grammar Check 문법 배우기

for / during	시간 전치사 for과 during은 둘 다 '~동안'이라고 해석돼요.

시간 전치사	시간	예시
for	숫자가 포함된 기간	He studied for three hours last night. 그는 어젯밤에 세 시간 동안 공부했어.
during	특정한 때 (방학, 사건, 행사 등)	She fell asleep during the movie. 그녀는 영화 보는 동안 잠들었어.

Quiz 알맞은 단어를 고르세요.

❶ My parents will be in Australia ⟮ for ∣ during ⟯ a week.

❷ He just texted ⟮ for ∣ during ⟯ a one-hour class.

❶ They stayed in the dormitory ⟮ for ∣ during ⟯ summer vacation.

① 우리 부모님은 일주일 동안 호주에 계실 거야. ② 그는 한 시간짜리 수업 중에 문자만 보냈다. ③ 그들은 여름 방학 동안 기숙사에서 지냈다.

Last Thursday, I joined a tour of the Computer Science Department at Daehan University. ⓐ For | During the tour, I explored the library, the laboratory, and various buildings. The highlight was definitely the museum. I learned about the development of computers and saw the latest electronic gadgets, too. The tour lasted ⓑ for | during 3 hours and included a Q&A session with senior students. I could ask them about their studies and experiences. This experience made me reflect on my own future plans. It sparked a deeper interest in computer programming.

Words laboratory 실험실   highlight 가장 좋은 부분   electronic gadget 전자 기기
senior student 선배 학생   spark 유발하다

Comprehension Check 문제 풀기

1 글의 ⓐ와 ⓑ에 들어갈 말로 알맞은 것을 고르세요.

어법 판단

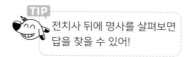

ⓐ   For | During

ⓑ   for | during

> TIP
> 전치사 뒤에 명사를 살펴보면
> 답을 찾을 수 있어!

3 'I'가 대학교 투어에서 하지 <u>않은</u> 것을 고르세요.

내용 확인

① 연구실 구경
② 박물관 관람
③ 선배 학생들과의 시간
④ 강의 들어보기

3 'I'의 현재 심경을 나타내는 말로 가장 적절한 것을 고르세요.

심경 추론

① stressed
② relieved
③ motivated

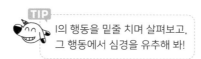

④ disappointed

> TIP
> I의 행동을 밑줄 치며 살펴보고,
> 그 행동에서 심경을 유추해 봐!

 plus

자신의 진로, 학업에 대한 목표를 잡지 못해 막막한 학생이라면, 대학별로 운영되는 '캠퍼스 투어 프로그램'을 이용해 보길 추천해요.
직접 대학을 방문해 넓은 대학 캠퍼스와 건물들을 둘러보며 학교 규모와 분위기를 눈으로 확인하고, 재학생들과의 만남을 통해 생생
한 학교 생활과 학교 소개를 들을 수 있어 자신의 진로와 학업에 대한 목표를 정하는 데 큰 도움이 돼요.

1 지난 목요일, 난 대한대학교 컴퓨터공학과의 투어에 참가했다.

at Daehan University. | I joined | a tour of the Computer Science Department
Last Thursday,

---

2 투어 동안, 나는 도서관, 실험실, 그리고 다양한 건물들을 탐방했다. 가장 좋았던 부분은 단연 박물관이었다.

During the tour, | explored | I | was definitely the museum. | The highlight
the library, the laboratory, and various buildings.

---

3 나는 컴퓨터 발전에 대해 배웠고, 최신 전자 기기들도 봤다.

the development of computers | and saw | I | the latest electronic gadgets, too.
learned about

---

4 투어는 3시간 동안 진행되었고, 선배 학생들과의 질의응답 시간이 포함돼 있었다.

lasted for 3 hours | The tour | with senior students. | and included a Q&A session

---

5 나는 그들의 학업과 경험들에 대해 그들에게 물을 수 있었다.

them | I | about their studies and experiences. | could ask

---

6 이 경험은 내가 내 미래 계획을 되돌아보게 만들었다.

reflect on | made me | This experience | my own future plans.

---

7 이것은 컴퓨터 프로그래밍에 더 깊은 흥미를 유발시켰다.

sparked | in computer programming. | It | a deeper interest

Grammar Check 문법 배우기

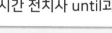

until / by	시간 전치사 until과 by는 둘 다 '~할 때까지'라고 해석돼요.

시간 전치사	예시
until + 명사 ~할 때까지 (동작의 연속성)	I will stay here until tomorrow. 나는 내일까지(계속) 여기에 있을 거야.
by + 명사 ~할 때까지 (특정 마감 시간)	I will leave here by tomorrow. 나는 내일까지 여기를 떠날 거야.

○ until과 자주 쓰이는 동사
ex wait 기다리다   continue 계속하다   work 일하다   keep 유지하다   live 살다   last 지속되다

○ by와 자주 쓰이는 동사
ex arrive 도착하다   leave 떠나다   finish 끝내다   submit 제출하다   decide 결심하다

Quiz 알맞은 단어를 고르세요.

❶ Are you really going to work by ｜ until 10:00 p.m.?

❷ We should arrive at the airport by ｜ until 6:00 a.m.

❸ Is the store open by ｜ until midnight?

① 너 정말 밤 열 시까지 (계속) 일할 거야? ② 우리는 아침 여섯 시까지 공항에 도착해야 한다. ③ 그 가게는 자정까지 (계속) 영업하니?

Some people are trying a digital detox. This means they take a break from screens like phones and tablets. They may want to send texts, check social media, or watch videos. But they don't do any of these things ⓐ on | until a specific time. They set goals like "no phone until 7:00 p.m." or "reading two books ⓑ by | at the end of this week." Instead of using their phones, they read more books and enjoy other offline activities. This break from technology helps them observe the world around them.

⁂ Words detox (인체 유해 물질의) 해독　take a break 휴식을 취하다　specific 특정한
set a goal 목표를 세우다　break 휴식　technology 기술　observe 관찰하다

Comprehension Check 문제 풀기

1 글의 주제로 가장 적절한 것을 고르세요.
주제 파악

① 전자파 노출 줄이기

② 전자 기기 사용 줄여 보기

③ 모바일 게임 하지 않기

④ 가족 간에 대화 많이 하기

2 밑줄 친 these things가 가리키는 내용을 본문에서 찾아 쓰세요.
지칭 추론

_____

3 글의 ⓐ와 ⓑ에 들어갈 말로 알맞은 것을 고르세요.
어법 판단

ⓐ on | until

ⓑ by | at

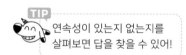

TIP 연속성이 있는지 없는지를 살펴보면 답을 찾을 수 있어!

 plus

디지털 디톡스 이렇게 시작하세요!

1. 불필요한 알람 메시지는 꺼 두세요. 2. 스마트폰을 멀리하는 시간을 정해 두세요. 3. 특히 침대 위에서는 스마트폰을 멀리하세요.

4. 일정 시간 SNS앱을 삭제하는 것도 좋아요. 5. 독서, 운동 등으로 여유 시간을 채워 보세요.

1 어떤 사람들은 디지털 디톡스를 시도하고 있다.

a digital detox. | Some people | are trying

---

2 이것은 핸드폰과 태블릿 같은 스크린으로부터 휴식을 갖는 것을 의미한다.

take a break | like phones and tablets. | This means | they | from screens

---

3 그들은 문자를 보내고, 소셜 미디어를 확인하고, 또는 영상을 보고 싶을 수도 있다.

check social media, | They | send texts, | or watch videos. | may want to

---

4 그러나 그들은 특정 시간까지 이런 것들 중 어떤 것도 하지 않는다.

any of these things | But | they | until a specific time. | don't do

---

5 그들은 '저녁 7시까지 핸드폰 안 하기' 또는 '이번 주까지 책 두 권 읽기' 같은 목표를 세운다.

until 7:00 p.m." | by the end of this week." | They | or | like "no phone | set goals | "reading two books

---

6 그들은 핸드폰을 사용하는 대신에 책을 더 많이 읽고, 다른 오프라인 활동들을 즐긴다.

using their phones, | Instead of | and enjoy other offline | they read more books | activities.

---

7 기술로부터의 이러한 휴식은 사람들이 그들 주변의 세계를 관찰하는 데 도움을 준다.

from technology | This break | around them. | helps them observe the world

---

1 알맞은 것에 동그라미하고 빈칸을 채우세요.

1 나라, 도시에는 전치사 (at / on / **in**)을 쓰고, 길 이름에는 전치사 (at / **on** / in)을 쓰고, 주소에는 전치사 (**at** / on / in)을 써요.

_____ a roof 지붕 위에	_____ 783 Oxford Street 옥스퍼드가 783번지에
_____ Oxford Street 옥스퍼드가에	_____ school 학교에
_____ Seoul 서울에서	_____ Canada 캐나다에서
_____ Chinatown 차이나타운에서	

2 숫자가 포함된 기간은 전치사 (**for** / during), 특정한 때는 전치사 (for / **during**)을 써요.

He studied _____ three hours last night. 그는 어젯밤에 세 시간 동안 공부했어.	She fell asleep _____ the movie. 그녀는 영화 보는 동안 잠들었어.

3 동작의 연속성이 있을 때는 전치사 (**until** / by), 특정 마감 시간이 있을 때는 전치사 (until / **by**)를 써요.

I will stay here _____ tomorrow. 나는 내일까지(계속) 여기에 있을 거야.	I will leave here _____ tomorrow. 나는 내일까지 여기를 떠날 거야.

2 문장에서 <u>틀린</u> 부분을 찾아 표시하고, 바르게 고쳐 쓰세요.

① Don't miss out on this fun night at July!
7월의 이 재미있는 밤을 놓치지 마!

_____

② Be there in Saturday at 7:00 p.m.
토요일 저녁 7시에 거기에 와라.

_____

③ On Australia, people enjoy Christmas in the middle of summer.
호주에서는 사람들은 한여름에 크리스마스를 즐긴다.

_____

④ The tour lasted during 3 hours.
투어는 3시간 동안 진행되었다.

_____

3 우리말 뜻에 알맞은 단어를 고르세요.

① 가장 좋은 부분	☐ highlight	☐ break	☐ laboratory
② 선수	☐ explore	☐ archery	☐ athlete
③ 특정한	☐ mark	☐ secure	☐ specific
④ 목표를 세우다	☐ set a goal	☐ take a break	☐ beat the heat
⑤ 느긋한	☐ spark	☐ relaxed	☐ various
⑥ 반대의	☐ observe	☐ equator	☐ opposite

4 빈칸에 알맞은 단어를 넣어 퍼즐을 완성해 보세요.

찾은 단어를
한 번 더 쓰세요!

→ Across 가로

1 탐험하다 ⇒

2 관찰하다 ⇒

6 휴식 ⇒

↓ Down 세로

1 적도 ⇒

3 유발하다 ⇒

4 표시하다 ⇒

5 확보하다 ⇒

7 다양한 ⇒

109

memo

영문법 써먹는 리딩 ②

Reading
with grammar

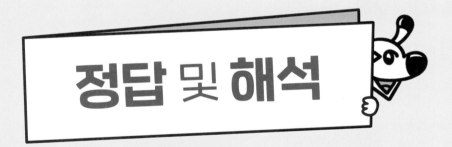

정답 및 해석

① 정답을 확인한 후 틀린 문제는 ★표를 쳐 놓으세요.

② 틀린 문제는 다시 한 번 풀어 보세요.

내가 틀린 문제를 스스로 확인하는 습관을 들이면, 아무리 바쁘더라도 공부 실력을 키울 수 있어요!

Unit 01 Coral Reefs　11쪽

Quiz　① sitting　② writing　③ studying

Read a Story

산호초는 바다 생물에게 중요하다. 그것은 많은 물고기와 바다 동물들의 집이다. 그러나 지금 산호초는 위기에 처해 있다. 산호가 죽어 가고 있다. 바다가 산호들에게 너무 뜨거워져서 산호들이 색깔을 잃어 가고 있다. 바다의 쓰레기도 산호초에 해를 끼치고 있다. 많은 바다 생물들이 오염 때문에 집을 잃고 병들어 가고 있다. 과학자들은 이 문제를 연구하고 있고 해결하기 위해 열심히 노력하고 있다. 상황이 더 나빠지기 전에 바다가 더 시원하고 깨끗해져야 한다.

Comprehension Check

1 ①　　2 ⓐ dying　ⓑ getting　　3 ②

Sentence Building

1 Coral reefs are important for sea life. They are homes for many fish and sea animals.

2 But they are in trouble now. Corals are dying.

3 The ocean is becoming too hot for corals, and they are losing their color.

4 Trash in the sea is also harming coral reefs.

5 Many sea creatures are losing their homes and getting sick because of pollution.

6 Scientists are studying the problem and working hard on it.

7 The ocean should be cooler and cleaner before the situation gets worse.

Unit 02 Hobbies with Technology　15쪽

Quiz　① - ⓑ　② - ⓐ　③ - ⓒ

Read a Story

과거에는 아이들이 자전거 타기나 책 읽기 같은 간단한 활동을 하며 여가 시간을 보냈다. 그들은 숨바꼭질, 술래잡기, 축구와 같은 신체적인 게임을 하곤 했다. 그러나 지금은 기술이 아이들의 일상적인 활동에서 중요한 역할을 한다. 아이들은 그림 그리기를 좋아하지만, 이제 많은 아이들이 AI 프로그램이나 다른 앱의 도움으로 디자인을 하고 있다. 그들은 여전히 친구들과 노는 것을 좋아한다. 하지만 얼굴을 맞대고 상호작용할 필요는 없다. 대신, 그들은 게임 플랫폼과 다른 앱을 통해 온라인으로 친구들과 소통한다.

Comprehension Check

1 ②　　2 ①　　3 ⓐ spending　ⓑ designing

Sentence Building

1 In the past, kids were spending their free time doing simple activities like riding bikes or reading books.

2 They used to engage in physical games like hide-and-seek, tag, and soccer.

3 However, now technology plays a major role in their daily activities.

4 Children enjoy drawing, but many are now designing things with the help of AI programs or other apps.

5 They still love playing with their friends.

6 But they don't need to have face-to-face interactions.

7 Instead, they interact with their friends online through game platforms and other apps.

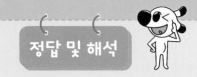

Unit 03 The Pulitzer Prize 19쪽

❶ will ❷ will ❸ won't, will

Read a Story

뉴욕의 컬럼비아대학교는 퓰리처상을 수여한다. 이 상은 미국 내 언론, 문학, 음악 분야에서 최고의 작품을 기린다. 이 상은 특히 언론인들에게 큰 영예이다. 일부 사람들은 이를 '언론인들의 노벨상'이라고 부른다. (노벨상은 물리학, 화학, 문학을 포함한 여러 부문에서 수여되는 상이다.) 퓰리처상 수상자인 윌리엄 스나이더는 "이건 사진 공모전이 아니다. 올해의 가장 중대한 이야기들을 전해줄 것이다."라고 말했다. 퓰리처상을 받은 사진들은 세계에 중요한 메시지를 전달한다. 슬프지만 아마도, 갈등, 빈곤, 자연 재해에 관한 작품들이 더 많아질 것이다.

Comprehension Check

1 ③   2 ④   3 will

Sentence Building

1 Columbia University in New York awards the Pulitzer Prize.

2 It honors the best work in journalism, literature, and music in the United States.

3 It is a great honor, especially for journalists.

4 Some people call it "the Nobel Prize for journalists."

5 Pulitzer winner William Snyder said, "It's not a photography contest. It will tell you the biggest stories of the year."

6 Pulitzer-winning photographs carry important messages for the world.

7 Sadly but most likely, there will be more work about conflicts, poverty, and natural disasters.

Unit 04 No Show 23쪽

❶ is ❷ is not ❸ Are

Read a Story

내일, 루카스와 나는 학교 장기자랑에서 함께 발표할 예정이다. 우리는 지구 온난화라는 긴급한 문제에 대해 연설할 것이다. 우리는 광범위하게 조사하고 대본도 직접 썼다. 우리는 우리의 메시지를 발표하는 것을 정말 기대하고 있었다. 하지만 루카스는 오늘 최종 리허설에 나타나지 않았다. 내 가장 친한 친구가 나를 실망시키다니 믿을 수 없다. 우리가 어떤 상도 받지 못할 것은 분명하다.

Comprehension Check

1 ⓐ are ⓑ not going   2 ③   3 ④

Sentence Building

1 Tomorrow, Lucas and I are going to perform together at the school talent show.

2 We're going to give a speech about the urgent issue of global warming.

3 We researched extensively and wrote the script by ourselves.

4 We were really looking forward to presenting our message.

5 But Lucas didn't show up for our last rehearsal today.

6 I can't believe my best friend let me down.

7 It's clear that we're not going to win any awards.

Review Unit 01~04

1 ❶ 현재진행형, 과거진행형   27쪽

❷

예시			
do	→ doing	eat	→ eating
come	→ coming	live	→ living
lie	→ lying	die	→ dying
sit	→ sitting	cut	→ cutting

❸ 미래 시제

예시
I think he wil come soon. 그가 곧 올 것 같아.
I will help you with your homework. 내가 네 숙제를 도와줄게.
I'm hungry. I will order some food. 배가 고프네. 음식을 주문할게.
We are going to visit my grandparents this Sunday. 우리는 이번 주 일요일에 조부모님을 뵈러 갈 예정이야.
Look at the sky. It is going to rain. 하늘을 봐. 비가 올 것 같아.

2 ❶ Corals are ~~dieing~~.

→ Corals are dying.

❷ We're ~~go~~ to give a speech about an urgent issue.

→ We're going to give a speech about an urgent issue.

❸ It will ~~tells~~ you the biggest stories of the year.

→ It will tell you the biggest stories of the year.

❹ We were really ~~look~~ forward to presenting our message.

→ We were really looking forward to presenting our message.

3 ❶ interact   ❷ show up
❸ conflict   ❹ perform
❺ sea creature ❻ rehearsal

4

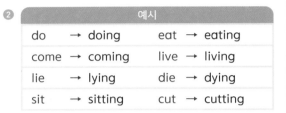

가로	❶ award	세로	❷ winner
	❹ poverty		❸ coral
	❺ tag		❹ physical
	❼ ocean		❻ honor

Unit 05 Smart shoppers   31쪽

Quiz ❶ can't   ❷ can   ❸ can

Read a Story

현명한 소비자들은 쇼핑 가기 전에 목록을 만든다. 그래서 그들은 중요한 물건들을 기억할 수 있다. 그들은 필요 없는 것들을 사지 않는다. 그들은 예산을 설정하고, 그 금액 이상은 지출하지 않는다. 그들은 때때로 더 많은 양의 물건들을 사고, 그 비용을 그들의 친구들과 나눈다. 현명한 소비자들은 돈을 아낄 수 있기 때문에 종종 특별 할인을 찾는다. 어떤 사람들은 단지 할인 중이기 때문에 물건을 산다. 그래서 그들은 돈을 아낄 수 없다.

Comprehension Check

1 ④   2 ⓐ can ⓑ can't

3 neccessary, cost, offers

Sentence Building

1 Smart shoppers make a list before going shopping.

2 So they can remember important items.

3 They don't buy unnecessary things.

4 They set a budget and don't spend more than that amount.

5 They sometimes buy things in larger amounts and share the cost with their friends.

6 Wise shoppers often look for special offers because they can save money.

7 Some people buy things just because they are on sale. Then, they can't save money.

Unit 06 Cultural Stereotypes   35쪽

Quiz ❶ may not   ❷ may   ❸ may

Read a Story

나는 체코 출신이다. 작년에 나는 한국을 방문해서 멋진 시간을 보냈다. 그러나 내가 한 가지 말해도 될까? 때때로 나는 약간 불편함을 느꼈다. 사람들은 항상 나에게 영어로 말했다. 그들은 내 국적을 묻지 않았고, 내 외모를 근거로 추측했다. 그러나 영어는 나의 모국어가 아니다. 우리는 우리나라에서 체코어로 말한다! 나는 백인이고 금발 머리이지만, 그것이 너에게 내 모국어를 알려주는 것은 아니다. 그것은 틀릴 수 있고, 사람들의 감정을 상하게 할 수 있다.

Comprehension Check

1 ⓐ may ⓑ may   2 ②   3 ②

Sentence Building

1 I'm from the Czech Republic. Last year, I visited Korea and had a wonderful time.

2 But may I say one thing? Sometimes I felt a little uncomfortable.

3 People always spoke to me in English.

4 They didn't ask about my nationality, but just assumed it based on my appearance.

5 But English isn't my first language. We speak Czech in my country!

6 I'm white and have blonde hair, but that doesn't tell you my first language.

7 It can be wrong and may hurt people's feelings.

Unit 07 Pet Ownership　　39쪽

Quiz ① must not ② must ③ must not

Read a Story

너는 반려동물이 있니? 반려동물 주인은 매우 책임감이 있어야 한다. 반려동물은 지속적인 돌봄과 애정이 필요하다. 너는 그들을 오랫동안 혼자 남겨 둬서는 안 된다. 너는 반려동물 돌보미를 고용하거나 친구에게 도움을 요청할 수 있다. 반려동물의 건강은 매우 중요하다. 너는 정기 검진을 위해 네 반려동물을 수의사에게 데려가야만 한다. 잦은 목욕 또한 그들의 건강한 삶을 위해 필수적이다. 항상 네 반려동물의 생활 영역을 깨끗하게 유지해라.

Comprehension Check

1 ④　　2 ⓐ must not　ⓑ must　　3 ③

Sentence Building

1 Do you have a pet? A pet owner must be very responsible.

2 Pets need constant care and affection.

3 You must not leave them alone for a long time.

4 You can hire a pet sitter or ask a friend for help.

5 A pet's health is extremely important.

6 You must take your pet to the vet for regular checkups. Frequent baths are also necessary for their well-being.

7 Always keep your pet's living area clean.

Unit 08 NIMBY　　43쪽

Quiz ① should ② shouldn't ③ should

Read a Story

시에서 우리 동네에 새 놀이터를 짓고 있다. 내 아이들을 포함해 많은 아이들이 그것에 대해 매우 기대하고 있다. 하지만 우리 이웃 중 한 사람은 그의 집 옆에 놀이터를 짓는 것을 원하지 않는다. 그가 말하길, "너무 시끄러울 거다. 시는 그 계획을 바꿔야만 한다! 그들은 내 마당 근처에 놀이터를 지어서는 안 된다!" 이것은 님비의 예이다. 이 태도는 사람들의 이기적인 행동을 보여준다.

Comprehension Check

1 ③　　2 ⓐ should　ⓑ shouldn't

3 selfish

Sentence Building

1 The city is building a new playground in our neighborhood.

2 Many children, including my kids, are very excited about it.

3 However, one of our neighbors doesn't want the playground next to his house.

4 He says, "It'll be too noisy. The city should change the plan!

5 They shouldn't build a playground near my yard!"

6 This is an example of NIMBY-Not In My Backyard.

7 This attitude shows people's selfish behavior.

1

47쪽

조동사	can	may	must	should
능력	He can swim. ⓔ			
허가	You can swim here. ⓓ	You may drink coffee. ⓓ		
요청	Can you do me a favor? ⓒ			
금지			You must not swim here. ⓗ	
추측	Can it be true? ⓑ	The rumor may be true. ⓕ	He must be tired. ⓘ	
가능성	Smoking can cause cancer. ⓐ			
충고				You should get some rest. ⓙ
의무			You must go home now. ⓖ	You should go to school. ⓖ

2

❶ Then, they can't ~~saved~~ money.

→ Then, they can't save money.

❷ It can be wrong and ~~has to~~ hurt people's feelings.

→ It can be wrong and may hurt people's feelings.

❸ A pet owner must ~~is~~ very responsible.

→ A pet owner must be very responsible.

❹ You can ~~hires~~ a pet sitter or ask a friend for help.

→ You can hire a pet sitter or ask a friend for help.

3

❶ ower   ❷ frequent

❸ affection   ❹ responsible

❺ on sale   ❻ playground

4

❶b	u	d	g	e	t		❷s	
a							e	
❸c	h	e	c	k	u	p	l	
k							f	
y							i	
a		❹o			❺c	o	s	t
r		f					h	
d		f						
	❻v	e	t				😊	
		r						

가로 ❶ budget   **세로** ❶ backyard

❸ checkup   ❷ selfish

❺ cost   ❹ offer

❻ vet

PART 3

조동사 기능을 하는 복합어에 집중해서 읽기

Unit 09 Ballet 51쪽

Quiz ① were ② is ③ will be

Read a Story

발레는 아름다운 움직임을 통해 깊은 감정들이 담긴 이야기를 말한다. 그것은 원래 왕들과 여왕들을 위한 특별한 춤으로 시작했다. 프랑스의 루이 14세 왕은 발레를 아주 사랑했다. 그는 심지어 몇몇 공연들에서 춤도 췄다! 초기에는 여성들은 무대에서 공연할 수 없었다. 오직 남성 무용수들만 할 수 있었다. 여성들은 17세기 후반에 무대에 무용수로서 등장했다. 시간이 흘러, 여성 무용수들은 중요한 역할들을 맡을 수 있었고, 더 중요해졌다.

Comprehension Check

1 ①   2 ⓐ were not ⓑ were

3 were able to perform on stage
(무대 위에서 공연할 수 있었다)

Sentence Building

1 Ballet tells a story with deep emotions through beautiful movements.

2 It originally started as a special dance for kings and queens.

3 King Louis XIV of France loved ballet very much.

4 He even danced in some shows!

5 In the early days, women were not able to perform on stage. Only male dancers could.

6 Women appeared as dancers on stage in the late 17th century.

7 Over time, female dancers were able to take important roles and became more significant.

Unit 10 Modern Entertainment 55쪽

Quiz ① used to ② used to ③ would

Read a Story

사람들은 예전에는 몇 개의 주요 채널에서 TV 프로그램을 시청하곤 했고, 가족들은 거실에 함께 앉아 프로그램을 보곤 했다. 사람들은 또한 특별한 외출로 영화관에 자주 가곤 했다. 오늘날에는 상황이 많이 달라졌다. 사람들은 이제는 거의 정규 TV를 시청하지 않는다. 대신에, 스트리밍 서비스나 다른 온라인 플랫폼을 이용한다. 영화관에 가는 것은 이제 젊은 세대들에게는 인기가 덜하다. 그들은 그냥 영화를 다운로드하거나 스트리밍하거나 인터넷에서 짧은 버전을 찾는다.

Comprehension Check

1 ②   2 ④   3 ④

Sentence Building

1 People used to watch TV shows on a few major channels, and families would sit together in the living room for the shows.

2 People also used to go to the movie theater often for a special outing.

3 Today, things have changed a lot.

4 People rarely watch regular TV anymore.

5 Instead, they use streaming services or other online platforms.

6 Going to the theater is now less popular with members of younger generations.

7 They just download movies or stream them or look for short versions online.

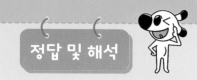

Unit 11 School Uniforms — 59쪽

Quiz ❶ have to ❷ doesn't have to ❸ don't have to

Read a Story

교복을 입는 학생들은 매일 아침 그들의 옷을 걱정할 필요가 없다. 그들은 시간을 아낄 수 있고, 학업에 더 집중할 수 있다. 몇몇 사람들은 비싼 옷으로 그들의 부를 자랑하지만, 교복을 입는 학생들은 동등함을 느낀다. 추가로, 그들은 더 많은 책임감을 가질 수 있고, 그들의 학교의 일원임에 자부심을 가질 수 있다. 그들은 학교 규칙을 따르고 더 잘 행동한다. 그리고 수학여행을 생각해 봐라. 선생님들은 군중 속에서 그들의 학생들을 쉽게 발견할 수 있다! 그래서 나는 학생들이 교복을 입어야 한다고 믿는다.

Comprehension Check

1 ⓐ don't have to ⓑ have to   2 ②   3 ①

Sentence Building

1 Students in uniforms don't have to worry about their clothes every morning.
2 They can save time and focus more on learning.
3 Some people show off their wealth with expensive clothes, but students in uniforms feel equal.
4 In addition, they can be more responsible and proud to be part of their school.
5 They follow school rules and behave better.
6 And think about school trips. Teachers can spot their students easily in a crowd!
7 So I believe students have to wear uniforms.

Unit 12 Birthday Gifts — 63쪽

Quiz ❶ had better not ❷ had better not ❸ had better

Read a Story

이 도표는 십 대들 사이에서 인기 있는 생일 선물을 보여준다. 부모님들은 선물로 태블릿을 줄 생각을 하는 것이 좋겠다. 거의 절반에 가까운 응답자가 그들의 생일에 태블릿을 원한다. 옷 역시 그들에게 인기 있는 선물이다. 콘서트에 관심이 있는 학생들은 많지 않다. 오직 15퍼센트의 학생들만 콘서트 티켓을 원한다. 너는 그들에게 책을 주지 않는 것이 낫다. 슬프게도, 오직 소수의 십 대들만 그들의 생일에 책을 기대한다. 그러나 이것은 소규모 집단을 기반으로 한 조사일 뿐이다. (당신의 아이들은 여전히 책을 원할지도 모른다!)

Comprehension Check

1 ⓐ had better ⓑ had better not
2 respondent   3 ②

Sentence Building

1 The chart shows popular birthday gifts among teenagers.
2 Parents had better think about giving a tablet as a gift.
3 Almost half of the respondents want tablets for their birthdays.
4 Clothes are also popular gifts for them. Not many students are interested in concerts.
5 Only 15 percent of the students want concert tickets. You had better not give books to them.
6 Sadly, only a few teenagers expect books on their birthdays.
7 But it's just a survey based on a small group.

1 ❶ can 67쪽

> I was able to swim so fast. 나는 수영을 정말 빨리 할 수 있었어.
>
> Is Jenny able to come to the party?
> 제니는 파티에 올 수 있니?
>
> He will be able to speak English better.
> 그는 영어를 더 잘 할 수 있을 거야.

❷ ~하곤 했었다

> I used to be very shy.
> 나는 예전에는 수줍음이 아주 많았다.
>
> Every summer, we would go camping.
> 매년 여름, 우리는 캠핑을 가곤 했다.

❸ have to

> We have to wear a uniform at school.
> 우리는 학교에서 교복을 입어야 한다.
>
> You have to try this restaurant.
> 너 이 식당은 꼭 가 봐야 돼.

❹ had better

> She had better see a doctor.
> 그녀는 병원에 가 보는 게 좋겠다.
>
> You had better not oversleep again.
> 너 또 늦잠 자지 않는 게 좋을 거야.

2 ❶ People used to ~~watches~~ TV shows on a few major channels.
→ People used to watch TV shows on a few major channels.

❷ They are able ~~save~~ time and focus more on learning.
→ They are able to save time and focus more on learning.

❸ Parents ~~have better~~ think about giving a tablet as a gift.
→ Parents had better think about giving a tablet as a gift.

❹ You ~~had better~~ give books to them.
→ You had better not give books to them.

3 ❶ significant ❷ wealth
❸ spot ❹ show off
❺ survey ❻ uniform

4

¹r	o	l	²e					
u			q					
l			u			⁴m		
e			³a	p	p	e	a	r
			l			l		
	⁶s				⁵d	e	e	p
	t							
	a							
	g							
⁷t	e	e	n	a	g	e	r	

가로 ❶ role
❸ appear
❺ deep
❼ teenager

세로 ❶ rule
❷ equal
❹ male
❻ stage

Unit 13 Earthquakes 71쪽

Quiz ❶ - ⓑ ❷ - ⓐ ❸ - ⓒ

Read a Story

슬프게도, 한국은 더 이상 지진으로부터 100% 안전하지 않다. 하지만 몇 가지 중요한 사항을 기억하면 스스로를 보호할 수 있다. 첫째, 당황하거나 뛰지 마라. 바닥에 엎드려 머리를 감싸라. 테이블이나 책상처럼 튼튼한 것을 잡아라. 창문과 무거운 가구에서 멀리 떨어져라. 깨진 유리와 떨어지는 물건이 너를 다치게 할 수 있다. 만약 밖에 있다면 건물, 나무, 전선에서 떨어진 공터를 찾아봐라. 바닥에 낮게 유지해라. 긴급 방송을 주의 깊게 들으면서 지시를 따라라. 안전하게 지내라!

Comprehension Check

1 ③   2 ②

3 Broken glass and falling objects could hurt you.
(깨진 유리와 떨어지는 물건이 너를 다치게 할 수 있다.)

Sentence Building

1 Sadly, Korea is not 100% safe from earthquakes anymore.

2 However, we can protect ourselves by remembering a few important things.

3 First, don't panic or run. Drop to the ground and cover your head.

4 Hold onto something strong like a table or desk. Stay away from windows and heavy furniture.

5 Broken glass and falling objects could hurt you.

6 If you're outside, find an open area away from buildings, trees, and power lines.

7 Stay low to the ground. Listen carefully to emergency broadcasts and follow their instructions. Stay safe!

Unit 14 Sleep 75쪽

Quiz ❶ What ❷ quickly ❸ How

Read a Story

잠은 사람들에게 배터리 충전기 같이 작용한다. 숙면 후에, 우리 몸과 뇌는 제대로 기능할 수 있다. 특히 아이들은 밤 10시 전에 자야 한다. 최근 연구에 따르면, 수면 부족은 시간이 지남에 따라 우리의 외모에도 영향을 미칠 수 있다. 그것은 더 얇은 머리카락, 더 많은 주름, 그리고 굽은 목을 초래할 수 있다. 연구자들은 이러한 변화를 바탕으로 여성의 이미지까지 만들었다. 그거 알아? 그녀는 <반지의 제왕>에 나오는 골룸처럼 생겼다. (얼마나 끔찍한지!)

Comprehension Check

1 ④

2 thinner hair, more wrinkles, and a bent neck
(더 얇은 머리카락, 더 많은 주름, 굽은 목)

3 How terrifying it is!

Sentence Building

1 Sleep acts like a battery charger for people.

2 After a sound sleep, our bodies and brains can function properly.

3 Children, in particular, should sleep before 10:00 p.m.

4 According to recent research, a lack of sleep can even affect our appearance over time.

5 It can lead to thinner hair, more wrinkles, and a bent neck.

6 The researchers even created an image of a woman based on these changes.

7 Guess what? She looks just like Gollum from *The Lord of the Rings*!

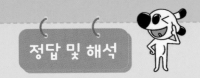
Unit 15 Upcycling 79쪽

Quiz ① - ⓒ   ② - ⓑ   ③ - ⓐ

Read a Story

업사이클링을 통해, 우리는 쓰레기를 줄이고 오래된 소지품에 새로운 생명을 줄 수 있다. 예를 들어, 너는 네 낡은 바지를 귀여운 가방으로 바꾸거나 오래된 병으로 멋진 꽃병을 만들 수 있다. 물건을 버리는 대신, 그것들을 창의적인 방법으로 재사용하고 새로운 물건을 만드는 건 어떨까? 우리는 예술을 창조할 수도 있다. (병뚜껑 모자이크나 캔 조각품을 찾아봐라.) 너는 놀랄 것이다! 이번 주말에 오래되거나 부서진 물건을 찾아 업사이클링을 해 보자. 얼마나 멋진 주말 계획인가!

Comprehension Check

1 we   2 ②   3 ②

Sentence Building

1 Through upcycling, we can reduce waste and give new life to our old belongings.
2 For example, you can turn your old pants into a cute bag or make cool vases from old bottles.
3 Instead of throwing things away, why don't we reuse them in creative ways and make new items?
4 We can even create art.
5 Look up bottle cap mosaics or tin can sculptures. You'll be amazed!
6 Let's find something old or broken and upcycle it this weekend.
7 What a fantastic weekend plan it is!

Unit 16 History Education 83쪽

Quiz ① does   ② isn't   ③ did

Read a Story

역사는 우리가 우리 조상들과 과거의 사람들에 대해 알게 돕는다. 그렇지 않니? 어떤 사람들은 그들의 권리를 위해 싸웠고, 다른 사람들은 그들의 나라를 위해 중요한 변화를 만들었다. 우리는 그들의 이야기에서 훌륭한 가치와 교훈을 배울 수 있다. 반면, 어떤 사람들은 나쁜 결정을 내렸거나 다른 사람들을 불공평하게 대우했다. 역사는 우리가 비판적으로 생각하고 미래에 더 잘할 수 있게 도와준다. 역사 교육은 단순히 날짜와 사건을 외우는 것이 아니다. 그렇지? 과거를 공부함으로써 우리는 현재와 미래에 더 나은 결정을 내릴 수 있다.

Comprehension Check

1 ①   2 ⓐ doesn't ⓑ is   3 ④

Sentence Building

1 History helps us learn about our ancestors and people in the past, doesn't it?
2 Some people fought for their rights, and others made important changes for their countries.
3 We can learn great values and lessons from their stories.
4 On the other hand, some people made bad decisions or treated others unfairly.
5 History helps us think critically and do better in the future.
6 History education isn't just about memorizing dates and events, is it?
7 By studying the past, we can make better decisions in the present and the future.

1 ❶ Be, 동사원형 87쪽

be동사	일반동사
Be quiet. 조용히 해.	Sit down. 앉아.
Don't be shy. 부끄러워하지 마.	Don't stand up. 일어서지 마.

❷ How, What

How 감탄문	What 감탄문
How cute it is! 얼마나 귀여운지!	What a beautiful day! 정말 아름다운 날이야!

❸ Let's, Why don't we

Let's play soccer. 축구하자.
Let's not play soccer. 축구하지 말자.
Why don't we eat out? 우리 외식하는 게 어때?

❹ 부정, 긍정

be동사
You are late, aren't you? 너는 늦었어, 그렇지 않니?
She isn't Tom's sister, is she? 그녀는 톰의 여동생이 아니야, 그렇지?

일반동사
She enjoys drawing, doesn't she? 그녀는 그림 그리는 걸 좋아해, 그렇지 않니?
They don't live in Seoul, do they? 그들은 서울에 살지 않아, 그렇지?

2 ❶ ~~Doesn't~~ panic or run.
→ Don't panic or run.

❷ ~~Stays~~ low to the ground.
→ Stay low to the ground.

❸ How terrifying ~~is it~~!
→ How terrifying it is!

❹ ~~What fantastic~~ weekend plan it is!
→ What a fantastic weekend plan it is!

3 ❶ ancestor ❷ belonging
❸ wrinkle ❹ critically
❺ terrifying ❻ lesson

4

¹p	²a	n	i	c					
	p					⁸p	a	⁶s	t
	p							c	
³b	e	n	⁴t		⁷v	a	l	u	e
	a		r					l	
	r		e					p	
⁵a	m	a	z	e	d			t	
	n		t					u	
	c							r	
	e							e	

가로 ❶ panic 세로 ❷ appearance
❸ bent ❹ treat
❺ amazed ❻ sculpture
❼ value
❽ past

Unit 17 · A Sports Festival   91쪽

@Quiz ① on   ② at   ③ in

Read a Story

올림픽 스포츠를 탐험하고 더위를 피해라! 올림픽 스포츠 축제에 와서 다양한 재미있는 스포츠를 체험해라. 실내 경기장에서 다양한 활동을 우리와 함께하자. 활동에는 배드민턴, 양궁, 레슬링, 펜싱 등이 있다! 너는 재미있는 경기에 참여할 수 있고, 선수들을 직접 만날 수도 있다! 7월의 이 재미있는 밤을 놓치지 말아라! 토요일 저녁 7시에 와서 잊지 못할 스포츠의 밤을 즐겨라! 지금 7월 26일을 네 달력에 표시해라. 우리 웹사이트를 방문해서 미리 네 티켓을 확보해라.

Comprehension Check

1 ①   2 ④   3 ⓐ in   ⓑ at

Sentence Building

1 Explore Olympic sports and beat the heat!

2 Come to the Olympic Sports Festival and try out various exciting sports.

3 Join us in different activities in the indoor arenas.

4 Activities include badminton, archery, wrestling, fencing, and more!

5 You can participate in fun games and meet athletes in person!

6 Don't miss out on this fun night in July! Be there on Saturday at 7:00 p.m. for an unforgettable night of sports!

7 Mark July 26th on your calendar now. Visit our website and secure your tickets in advance.

Unit 18 · Christmas in the South   95쪽

@Quiz ① at   ② on   ③ in

Read a Story

적도 반대편에 있는 나라들은 계절이 반대이다. 호주에서는 사람들은 한여름에 크리스마스를 즐긴다. 너는 산타가 따뜻한 빨간 옷을 입고 털모자를 쓰고 있다고 생각하니? 항상 그렇지는 않아! 호주 사람들은 종종 산타를 선글라스에 반바지, 때로는 심지어 서핑 보드를 탄 모습으로 묘사한다! 이것은 더 느긋하고 여름 친화적으로 보인다. 수영장에서 크리스마스 파티를 여는 것은 전혀 이상하지 않다. 환경에 따라, 사람들은 같은 축제를 다른 방식으로 즐길 수 있다. (다양성은 인생의 양념이다!)

Comprehension Check

1 Australians   2 ⓐ on   ⓑ at   3 ②

Sentence Building

1 Countries on opposite sides of the equator have opposite seasons.

2 In Australia, people enjoy Christmas in the middle of summer.

3 Do you think Santa wears warm red clothes and a fur hat? Not always!

4 Australians often describe Santa with sunglasses, shorts, and sometimes even on a surfboard!

5 It looks more relaxed and summer friendly.

6 It's not strange at all to have a Christmas party at the pool.

7 Depending on the environment, people can enjoy the same festival in different ways.

Unit 19 A Campus Tour 99쪽

Quiz ① for ② during ③ during

Read a Story

지난 목요일, 난 대한대학교 컴퓨터공학과의 투어에 참가했다. 투어 동안, 나는 도서관, 실험실, 그리고 다양한 건물들을 탐방했다. 가장 좋았던 부분은 단연 박물관이었다. 나는 컴퓨터 발전에 대해 배웠고, 최신 전자 기기들도 봤다. 투어는 3시간 동안 진행되었고, 선배 학생들과의 질의응답 시간이 포함돼 있었다. 나는 그들의 학업과 경험들에 대해 그들에게 물을 수 있었다. 이 경험은 내가 내 미래 계획을 되돌아보게 만들었다. 이것은 컴퓨터 프로그래밍에 더 깊은 흥미를 유발시켰다.

Comprehension Check

1 ⓐ During ⓑ for 2 ④ 3 ③

Sentence Building

1 Last Thursday, I joined a tour of the Computer Science Department at Daehan University.

2 During the tour, I explored the library, the laboratory, and various buildings. The highlight was definitely the museum.

3 I learned about the development of computers and saw the latest electronic gadgets, too.

4 The tour lasted for 3 hours and included a Q&A session with senior students.

5 I could ask them about their studies and experiences.

6 This experience made me reflect on my own future plans.

7 It sparked a deeper interest in computer programming.

Unit 20 Digital Detox 103쪽

Quiz ① until ② by ③ until

Read a Story

어떤 사람들은 디지털 디톡스를 시도하고 있다. 이것은 핸드폰과 태블릿 같은 스크린으로부터 휴식을 갖는 것을 의미한다. 그들은 문자를 보내고, 소셜 미디어를 확인하고, 또는 영상을 보고 싶을 수도 있다. 그러나 그들은 특정 시간까지 이런 것들 중 어떤 것도 하지 않는다. 그들은 '저녁 7시까지 핸드폰 안 하기' 또는 '이번 주까지 책 두 권 읽기' 같은 목표를 세운다. 그들은 핸드폰을 사용하는 대신에 책을 더 많이 읽고, 다른 오프라인 활동들을 즐긴다. 기술로부터의 이러한 휴식은 사람들이 그들 주변의 세계를 관찰하는 데 도움을 준다.

Comprehension Check

1 ② 2 send texts, check social media, or watch videos (문자를 보내고, 소셜 미디어를 확인하고, 또는 영상을 보는 것)

3 ⓐ until ⓑ by

Sentence Building

1 Some people are trying a digital detox.

2 This means they take a break from screens like phones and tablets.

3 They may want to send texts, check social media, or watch videos.

4 But they don't do any of these things until a specific time.

5 They set goals like "no phone until 7:00 p.m." or "reading two books by the end of this week."

6 Instead of using their phones, they read more books and enjoy other offline activities.

7 This break from technology helps them observe the world around them.

1 ❶ in, on, at   107쪽

on a roof 지붕 위에
on Oxford Street 옥스퍼드가에
in Seoul 서울에서
in Chinatown 차이나타운에서
at 783 Oxford Street 옥스퍼드가 783번지에
at school 학교에
in Canada 캐나다에서

❷ for, during

He studied for three hours last night. 그는 어젯밤에 세 시간 동안 공부했어.
She fell asleep during the movie. 그녀는 영화 보는 동안 잠들었어.

❸ until, by

I will stay here until tomorrow. 나는 내일까지(계속) 여기에 있을 거야.
I will leave here by tomorrow. 나는 내일까지 여기를 떠날 거야.

2 ❶ Don't miss out on this fun night at July!

→ Don't miss out on this fun night in July!

❷ Be there in Saturday, at 7:00 p.m.

→ Be there on Saturday, at 7:00 p.m.

❸ On Australia, people enjoy Christmas in the middle of summer.

→ In Australia, people enjoy Christmas in the middle of summer.

❹ The tour lated during 3 hours.

→ The tour lated for 3 hours.

3 ❶ highlight   ❷ athlete
  ❸ specific   ❹ set a goal
  ❺ relaxed   ❻ opposite

4

e	x	p	l	o	r	e		
q							v	
u					b	r	e	a	k
a				m				r
t				a		s		i
o	b	s	e	r	v	e		o
r		p		k		c		u
		a				u		s
		r				r		
		k				e		

가로 ❶ explore   세로 ❶ equator
    ❷ observe   ❸ spark
    ❻ break   ❹ mark
                     ❺ secure
                     ❼ various

바빠 영어 시제 특강 5·6학년용

단순, 진행, 현재완료까지 초등 영문법 시제 총정리

바빠 영어 시제 특강
5·6학년용

Verb & Tense

특별 부록 | 불규칙 동사의 3단 변화 쓰기 노트

동사의 3단 변화까지 저절로 해결! 모든 문장 속 동사에는 시제가 있다

초등~중학 2학년 교과 반영! 내신부터 영어 일기까지 해결된다

이지스에듀

바빠 영어 시제 특강 - 5·6학년용 | 15,000원

★ ★ ★
중학 영어까지 뚫리는 영어 시제

단순, 진행, 현재완료까지
초등 영문법 시제 총정리

특별 부록 | 불규칙동사의 3단 변화 쓰기 노트

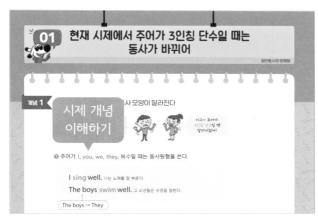

01 현재 시제에서 주어가 3인칭 단수일 때는 동사가 바뀌어
일반동사의 현재형

시제 개념 이해하기

01 3인칭 단수형 동사를 만드는 4가지 유형 알기

빈칸을 채우며 시제 외우기

02 현재 시제는 주어를 먼저 확인하고 동사 정하기

동사 비교로 시제 감각 깨우기

03 현재 시제 문장 완성하기

우리말에 맞게 시제 완성하기

시제 때문에 다시 처음부터 문법을 하기 애매했는데, 정말 딱입니다! – 학부모의 찬사

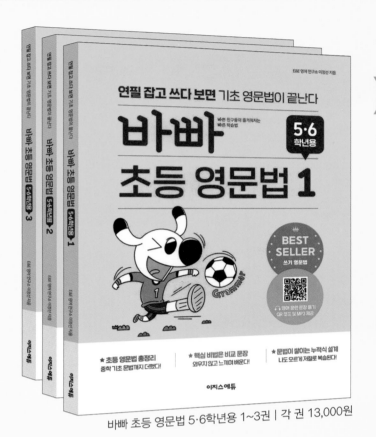

EE 영어 연구소 이정선 지음

연필 잡고 쓰다 보면 기초 영문법이 끝난다

바빠 초등 영문법 1

5·6 학년용

BEST SELLER 쓰기 영문법

이지스에듀

★ 초등 영문법 총정리 중학 기초 문법까지 더했다!
★ 핵심 비법은 비교 문장 외우지 않고 느끼며 배운다!
★ 문법이 쌓이는 누적식 설계 나도 모르게 저절로 복습된다!

바빠 초등 영문법 5·6학년용 1~3권 | 각 권 13,000원

★ ★ ★

문법이 쌓이는 누적식 학습 설계

연필 잡고 쓰다 보면 기초 영문법이 끝난다!

원어민 음원도 있어요!

이 책의 Bonus!

PDF '시험에는 이렇게 나온다' 문법 TEST PDF 제공

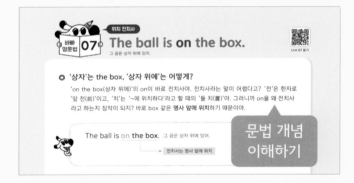

문법 개념 이해하기

문장 비교로 문법 감각 깨우기

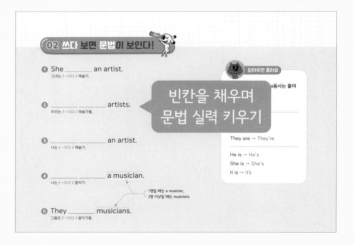

빈칸을 채우며 문법 실력 키우기

문장이 써지면 이 영문법은 OK!

🐾 아들이 하고 싶은 문법 교재라며 고른 첫 번째 책! 문법 공부를 스스로 하고 있어요! – 학부모의 찬사